# As 4 Estações da FELICIDADE

```
CIP-BRASIL. CATALOGAÇÃO NA PUBLICAÇÃO
SINDICATO NACIONAL DOS EDITORES DE LIVROS, RJ
```

C51q     Cidade, Rafaela Ferreira
          As 4 estações da felicidade / Rafaela Ferreira Cidade. –
    1. ed. – Porto Alegre [RS] : AGE, 2024.
          120 p. ; 14x21 cm

          ISBN 978-65-5863-298-6
          ISBN E-BOOK 978-65-5863-296-2

          1. Felicidade. 2. Autorrealização (Psicologia). I. Título

       24-92751          CDD: 153.85
                           CDU: 159.947.5

Gabriela Faray Ferreira Lopes – Bibliotecária – CRB-7/6643

Rafaela Ferreira Cidade

# As 4 Estações da FELICIDADE

Porto Alegre, 2024

© Rafaela Ferreira Cidade, 2024

*Capa:*
Nathalia Real,
utilizando imagem da Shutterstock/Doidam 10

*Diagramação:*
Nathalia Real

*Supervisão editorial:*
Paulo Flávio Ledur

*Editoração eletrônica:*
Ledur Serviços Editoriais Ltda.

Reservados todos os direitos de publicação à
**LEDUR SERVIÇOS EDITORIAIS LTDA.**
editoraage@editoraage.com.br
Rua Valparaíso, 285 – Bairro Jardim Botânico
90690-300 – Porto Alegre, RS, Brasil
Fone: (51) 3223-9385 | Whats: (51) 99151-0311
vendas@editoraage.com.br
www.editoraage.com.br

Impresso no Brasil / Printed in Brazil

✦ *Para os meus amados filhos, Benício e Beatriz, que despertam em mim a vontade de ser melhor a cada dia, a quem eu desejo que estas palavras façam todo sentido e sejam bálsamo em suas vidas.*

# AGRADECIMENTOS

Ao meu esposo, José Mário, meu maior incentivador, que acredita no meu potencial, apoia as minhas escolhas e valoriza o meu trabalho com muito amor, respeito e paciência.

Aos meus pais, Luiz Carlos e Eneida, que me oportunizaram, desde pequena, conhecer e vivenciar o lado espiritual da vida, que sempre incentivaram e enalteceram as minhas capacidades e orientaram a minha caminhada com muito amor e dedicação.

À minha irmã, Roberta, pelas tantas reflexões que construímos juntas, uma ajudando a outra com muito amor, afinidade e presença.

# SUMÁRIO

Introdução ................................................................. 11

1. A felicidade ........................................................... 19
2. A sabedoria .......................................................... 25
3. A presença ........................................................... 30
4. O outro ................................................................. 35
5. O corpo, a mente e o espírito ............................. 39
6. O ego .................................................................... 49
7. Os mistérios da vida ............................................ 57
8. A fé ....................................................................... 62
9. Inspiração e intuição ........................................... 67
10. O pensamento ................................................... 70
11. A reforma íntima ............................................... 74
12. Morte e imortalidade ........................................ 80
13. O tempo ............................................................. 86
14. A paz .................................................................. 92
15. A vida ................................................................. 97
16. A boa nova ...................................................... 101

Carta ao leitor ....................................................... 108
Orações/reflexões/poemas/músicas .................... 110

# INTRODUÇÃO

A vida é cíclica. Os ciclos são necessários à natureza e a nós, humanos, no nível evolutivo em que nos encontramos, por não estarmos ainda preparados ao conceito de eternidade, de eterno presente. Precisamos da segurança da marcação dos ciclos para organizarmos as nossas atividades, as nossas necessidades fisiológicas e estabelecermos as nossas metas.

Os ciclos regulam a nossa vida e têm papel fundamental no sentido de trazer a ideia de renovação, da possibilidade de recomeçar. Cada ciclo gera um novo ciclo, e a vida vai se desenrolando e se renovando.

Os ciclos da nossa vida podem ser facilmente comparados às estações do ano, nesta ordem: primavera, verão, outono e inverno. Quando pensamos no ciclo de um dia podemos imaginar que a primavera é o amanhecer, com toda a sua energia, luz, beleza, renovação e frescor; o verão é o meio-dia, com toda a sua intensidade, calor e emoção; o outono é o entardecer, o contemplar, o refletir e o sintetizar; e o inverno é a noite, o recolhimento, a interiorização, o descanso.

Igualmente podemos pensar no ciclo completo da vida, onde a primavera é o nascimento, a infância e a juventude; o verão é a maturidade, a vida adulta; o outono é a velhice, a senilidade; e o inverno é a morte.

De todos os ciclos, o verão é o apogeu. O verão é a intensidade da vida, é a maturidade, é quando a natureza entrega, finalmente, os seus frutos de forma generosa, é quando o sol brilha mais forte, é quando se vive a plenitude, a consagração do trabalho de todas as outras estações. É quando nós, humanos, estamos em plena forma, em pleno vigor, em pleno exercício das nossas atividades e capacidades, e oferecemos o nosso melhor.

Ah, o verão! Sempre tão esperado e apreciado. O ar quente e o calor humano desta estação anunciam com entusiasmo a chegada de dias mais alegres e mais coloridos. As pessoas bronzeadas parecem mais bonitas e saudáveis. Os dias mais longos terminam em *happy hours* e festividades ao ar livre. As ruas estão mais movimentadas, as praias mais cheias, as piscinas recheadas de crianças saltitantes de férias, os bares e restaurantes lotados, a música alta, as gargalhadas carregadas de muita diversão. Assim é o verão: lindo, quente e feliz. Quando pensamos em felicidade, podemos compará-la aos maravilhosos dias de verão. Àqueles dias de tamanha satisfação que nos preenchem a alma e nos fazem lembrar que a vida é boa. A felicidade é o verão da alma. É a certeza de dias iluminados, alegres e calorosos. É a festa da vida. É quando a alma vive o seu estado natural de plenitude e de gratidão.

Mas, assim como o verão tem as suas intempéries, a felicidade também passa por processos tempestuosos, de grandes ondas e fortes vendavais. No entanto, diferentemente do verão, que tem seus dias contados, a felicidade é uma estação sem fim, sem limites; é um estado permanente de graça.

Muitos vão duvidar dessa constatação e afirmar que a felicidade não é perene, mas feita apenas de momentos passageiros e de rara sorte. Mas, afinal, o que é a felicidade? Muitos dirão: é ganhar na loteria, é conseguir pagar todas as contas no final do mês, é ter o nome limpo, é ter um bom salário, é poder viajar, é adquirir bens, é ter saúde, é ter prestígio e reconhecimento, é ter uma vida confortável, etc. A felicidade pode morar temporariamente em todas essas situações, no entanto vai muito além dos padrões de consumo e das conquistas efêmeras da matéria.

A ascensão nos setores da vida material é boa e importante no decorrer da nossa caminhada, mas não é suficiente para justificar a vida. O objetivo maior da nossa existência é o justo aproveitamento do tempo na aquisição de valores e virtudes que são eternas.

A felicidade humana é a anestesia da alma. Ela nos dá a falsa sensação de felicidade, de plenitude. A condição humana nos gera felicidade humana, efêmera, e não a felicidade verdadeira, à qual estamos todos destinados: a felicidade eterna. A matéria é o cenário para a nossa evolução. Podemos e devemos valorizar a matéria e a oportunidade que ela nos dá, mas com equilíbrio, sem preponderar os fatores transitórios externos, em detrimento dos fatores eternos.

Existem várias alegrias, mas apenas uma felicidade. A felicidade está repleta de pequenas e grandes alegrias. A alegria é estar; a felicidade é ser. Como seres humanos carnais, sentimos uma espécie de felicidade nas conquistas materiais; isso é normal, porém não podemos fazer dessas conquistas o nosso único objetivo. Essa é a felicidade da perspectiva da matéria. Como seres espirituais, temos de ter objetivos de espíritos imortais, projetos eternos que purifiquem e engrandeçam a nossa alma, e não apenas o corpo e o físico. Precisamos traçar planos maduros que nos elevem na escala da vida.

Não podemos confundir felicidade com prazer. A felicidade é um sentimento da alma, que faz parte da nossa natureza. Já o prazer é um sentimento da mente, da carne, do ego. A felicidade é eterna, é infinita. O prazer é efêmero; atinge o seu ápice e depois se perde.

A felicidade é o principal anseio do ser humano. O homem está incessantemente em busca da felicidade, no entanto ela lhe escapa sem cessar. Jesus nos lembra: "No mundo tereis aflições" (João 16:33), mas são justamente essas aflições que denominamos infelicidade que impulsionarão a nossa escalada evolutiva. As circunstâncias de dor, de sofrimento e os desafios vão sempre existir no nosso caminho, mas a felicidade não estará associada à essas circunstâncias exteriores, mas à nossa postura perante elas.

Quando nos reconhecemos como artífice do próprio destino, entendemos que a suavização dos nossos males depende de nós, da parcela que nos cabe perante a vida. Compete a cada um de nós desenvolver a felicidade que nos seja possível, de acordo com a nossa capacidade de compreensão das situações que se apresentam na nossa vida. Cabe a nós o bem sofrer e aproveitar as circunstâncias difíceis que nos alcançam como um convite da vida para crescermos e desenvolvermos um novo olhar ou o mal sofrer e ficar amarrados ao sofrimento, cultivando-o com rebeldia e vitimismo. Quanto da nossa infelicidade não é causada hoje pelo que temos cultivado e insistido?

Somos os obreiros do nosso próprio destino. Apesar das vicissitudes inerentes à vida terrena, poderíamos gozar de uma felicidade relativa, mas acabamos por procurá-la nos prazeres do corpo e do ego, que são perecíveis e sujeitos às mesmas vicissitudes, ao invés de procurá-la nos prazeres da alma, que são eternos e imperecíveis.

A felicidade real e oficial é aquela que traz a paz através da certeza de que está tudo bem, tudo no seu devido lugar, no seu tempo. Essa certeza é chamada de fé, no simples ato de confiar, seja na vida, no universo, em Deus, em si, no que traz conforto, tranquilidade, equilíbrio. É aquilo que nos faz ter a certeza de que tudo está conspirando para o melhor.

A vida é sábia, é boa, é uma mãe amorosa que quer ver seu filho bem, realizado e feliz. A essência da vida é feliz; o nosso caminho e propósito são a felicidade. É ela que nos move, que nos motiva e que nos faz sentir vivos. No entanto, ser feliz não significa viver em estado de êxtase, não significa não ter momentos de tristeza, de dor, de medo. Estes são sentimentos inerentes à vida terrena e são eles que nos tornam mais fortes, mais lúcidos e mais capazes de sermos verdadeiramente felizes.

A felicidade não é quando; é enquanto. Não é apenas uma meta distante, um alvo a ser alcançado, mas um processo a ser construído. A felicidade está no caminho, no modo de caminhar. Não é quando eu comprar a minha casa própria ou quando eu me formar ou quando eu tiver o meu negócio ou quando eu me curar dessa doença; não, a edificação da felicidade já está acontecendo desde sempre e para sempre. Toda vez que colocamos a nossa felicidade em algo que vamos alcançar, estamos condenados a infelicidade.

A pessoa pode ser feliz e estar triste, desmotivada, cansada por inúmeros motivos, por diversas situações, mas a felicidade não depende das circunstâncias. Ser feliz não significa que não teremos momentos de tristeza; significa que saberemos passar por eles da melhor forma possível.

Ao longo da vida terrena, somos acometidos por situações que nos marcam de diferentes formas. Algumas deixam registros de dor, de sofrimento, outras de extrema conexão com a beleza e o significado da vida. Assim como existem os sentimentos ruins que muitas vezes se tornam feridas ou até mesmo traumas, existem também os sentimentos que caminham no sentido contrário, aqueles que deixam as marcas da benesse, da paz, da verdade e da felicidade. Estes pequenos paraísos também ficam impressos na alma e podem ser acessados e revisitados a qualquer instante. Ninguém pode nos privar deles.

Alimentar a alma de verões é uma excelente forma de sobreviver aos rigorosos invernos que certamente virão. Colecionar saudades, e salvar os melhores momentos e imagens no rolo de câmera da vida e do coração também são ferramentas indispensáveis no caminho da felicidade. Estas estarão sempre à disposição, sempre gravadas na alma e servirão de alimento e combustível quando necessário, independentemente de bateria ou sinal de Internet.

É no fortalecimento da alma, na capacidade de observar e agradecer que a felicidade se instala e se faz presente. É nos verões bem vividos que a felicidade cria a *gordura* que será imprescindível nos dias nebulosos.

É preciso coragem para ser feliz. É preciso se arriscar em meio ao caos, em meio à crise, mesmo sabendo que ser infeliz é mais fácil, mais cômodo e mais confortável. Os olhos físicos, despreparados e descrentes, encontram inúmeros motivos para a infelicidade, porque ser feliz dá trabalho, ser feliz é olhar para dentro, é ir ao encontro do próprio Eu, da essência da vida. Ser feliz é olhar a vida com os olhos do coração. É sair da zona de conforto. É querer ser melhor a cada dia.

A felicidade só depende de nós, não depende do meio, não depende das circunstâncias nem das pessoas. A felicidade é única e intransferível. Pode e deve ser compartilhada, porque a felicidade tem o dom de contaminar, mas nós não podemos ser felizes por outra pessoa, nem a outra pessoa pode nos fazer feliz. Esta é uma busca interna, de dentro para fora. A felicidade só consegue existir quando nós conseguimos abraçar e acolher tudo que existe nas nossas profundezas e entender que ela não é o nosso destino, e sim o nosso caminho.

E para onde estamos indo? A gente corre tanto para chegar aonde mesmo? O fato é que não temos nenhum superlugar para chegar que não à nós mesmos. Nós nos perdemos tantas vezes no caminho, que esquecemos que o caminho certo é o que nos leva para dentro. E olhar para dentro é tirar os véus da ilusão, é ver sob uma nova perspectiva, é abrir portas e enfrentar a própria luz e as suas infinitas possibilidades.

A nossa felicidade está totalmente relacionada ao encontro de nós mesmos, da nossa autenticidade, de quem nós realmente somos na essência. Quando nós alcançamos o autoconhecimento nos tornamos mais equipados para enfrentar tudo que a vida tem a nos oferecer, sejam oportunidades ou obstáculos, que nos permitem chegar cada vez mais perto do nosso propósito, dos nossos objetivos. É quando tomamos as rédeas da nossa vida e entendemos que quando não podemos mudar uma situação fora, nós podemos mudar a nossa percepção e transformá-la em experiência, em crescimento e aprendizado. Este é o segredo da felicidade, a mágica da transformação interior. Do poder de receber uma situação e fazer dela uma alavanca. Do poder de compreender as leis que transcendem a matéria, de modificar a nossa atitude perante a vida incorporando as lições e colocando-as em prática.

Nós somos a fonte de todas as experiências. Que estejamos preparados para quebrar antigas limitações, antigas amarras para romper com velhos paradigmas e compreensões à abertura para o novo, para a renovação, para a expansão da consciência e alargamento da nossa alma.

Que possamos fazer mais do que nos lembra o quanto é bom estarmos vivos nesta oportunidade única. Que possamos escolher as boas lembranças, as melhores sensações, os cheiros mais agradáveis, os sabores mais doces, as melhores companhias. Que possamos trazer essas belezas para o presente, para o nosso cotidiano e transformar os momentos mais singelos da vida terrena em momentos de oportunidade, de riqueza e de felicidade.

Navegar nas diversas estações é o convite para uma felicidade que inclui a alegria, mas não exclui a tristeza. Há, portanto, felicidade na Terra, mas ela é ainda incompleta. Os sorrisos ainda se misturam com as lágrimas. Um dia, em algum lugar da nossa evolução, vamos alcançar a verdadeira felicidade, a magnitude deste sentimento que ainda não temos a capacidade de dimensionar, de entender, de explicar. Por ora, vamos apenas caminhando, aprendendo, lapidando e construindo bases sólidas que nos manterão firmes no propósito de sermos cada vez melhores e plenamente felizes.

"Em ver no inverno,
eu vi o que muitos verão."

*Rafaela Ferreira Cidade*

# 1. A FELICIDADE

"Às vezes a felicidade se esquece de nós.
Mas nunca devemos nos esquecer da felicidade."

*Mahatma Gandhi*

Pensemos em uma pessoa feliz. Ela é feliz porque não tem problemas ou ela não tem problemas porque ela é feliz? Em primeiro lugar, é preciso esclarecer que não existem pessoas que não têm problemas. O que existe são pessoas mais ou menos problemáticas ou que tornam seus problemas maiores ou menores de acordo com a sua percepção. Não criemos a ilusão de uma vida sem problemas.

A vida terrena é repleta de situações desafiadoras nas suas mais diversas áreas: saúde, família, trabalho, dinheiro, relacionamento, etc. E muitos desses problemas se somam. Portanto, é impossível que estejamos neste plano somente para apreciar e desfrutar das belezas da vida. A grande verdade é que não estamos aqui a passeio, não viemos com um passaporte, mas com uma carteira de trabalho e todos temos muito a fazer, a evoluir e aprender com toda essa trama de situações e relações que fazem parte da nossa caminhada e do nosso processo evolutivo.

Evoluir é crescer, é expandir, é movimentar. Precisamos tirar da cabeça a ideia de que as coisas são definitivas. Nós somos seres moldáveis, em constante transformação. Tudo que precisamos para evoluir já está acontecendo aqui e agora através do processo educativo de cada um. A questão é como respondemos a esses processos, como nos moldamos (ou não) a eles.

Grande parte do nosso sofrimento ocorre porque insistimos em resistir aos processos da vida que visam ao nosso aperfeiçoamento. Um problema sempre será passageiro e mensageiro. Quando nós brigamos com o problema, passamos a ter dois problemas: o problema em si e o fato de não o aceitarmos. Quando aceitamos o problema e acolhemos o nosso sentimento em relação a ele, nos possibilitamos ouvir a sua mensagem. Todo problema, toda crise, todo sofrimento traz uma mensagem. Muitas vezes não temos a capacidade de mudar o problema em si, mas podemos desenvolver a capacidade de observá-lo de uma nova perspectiva e extrair dele o seu maior ensinamento.

Assim é a vida, repleta de desafios carregados de sabedoria. Para aprendermos mais sobre o amor, precisamos passar pelo desamor. Para aprendermos a perdoar, precisamos passar por situações que nos ensinem a soltar. Para aprendermos a confiar, precisamos passar por situações de medo e de insegurança. Para aprendermos a agradecer, precisamos passar por situações de perda. E assim é a escola da vida, repleta de alunos errando, acertando e aprendendo ao mesmo tempo.

O nosso cotidiano é o material didático da Providência Divina. Muitas vezes já sabemos a lição, mas por falta de atenção, por falta de presença e por falta de conexão conosco mesmos, repetimos o erro e somos novamente convidados a repassar a *matéria* com situações que nos relembrem a sua importância no nosso processo evolutivo. Enquanto não aprendermos com os problemas, os mesmos problemas continuarão se apresentando de diferentes formas na nossa vida.

Muitas pessoas, para alcançarem o despertar da consciência, precisam passar por processos muito dolorosos para que possam fazer os questionamentos que as levarão a um maior nível de entendimento da vida. Perdas de pessoas queridas, doenças, acidentes, fracassos, dívidas, tragédias são oportunidades que podem mudar o rumo da existência. É dessas situações que, muitas vezes, surgem os maiores aprendizados e os mergulhos mais profundos.

É uma pena que muitos ainda precisem experienciar a pane do sistema e o colapso emocional para ir ao encontro de si mesmos. Que precisem experienciar a dor e tantos outros sentimentos difíceis para iniciar o seu processo de autoconhecimento, de autoajuda e de autorresponsabilidade.

Este entendimento de que tudo começa em nós mesmos nos coloca em uma posição de protagonismo e nos demanda a responsabilidade de assumirmos a *culpa* sobre os acontecimentos da nossa vida. Isso não significa se autopunir pelas escolhas *erradas* do passado que nos fizeram chegar no lugar em que nos encontramos hoje, mas finalmente entender que a partir de agora podemos recriar a nossa realidade de uma nova forma, com novas crenças, com novos hábitos, com novas atitudes.

Quando assumimos o papel principal da nossa vida deixamos o lugar de vítima, de colocar a culpa do nosso problema no outro, na vida, no destino, no universo, em Deus e entendemos que o problema não está no outro, que está em nós, e só nós temos o poder de mudá-lo. E isso só é possível quando nos tornamos cada vez mais conscientes de que nós não somos o que nos aconteceu, mas sim o que decidimos nos tornar diante do ocorrido e que muitas das crenças e fatos limitantes que ditaram o nosso comportamento e engessaram a nossa vida até aqui (traumas, dores, sofrimentos do passado) já não têm mais espaço e poder sobre nós.

Quando finalmente entendemos que o passado não precisa mais determinar a nossa vida no presente, nos libertamos. Quando começamos o processo de limpeza do nosso lixo interior, de abandonar o que já não nos serve mais, nos tornamos mais leves, mais felizes. É difícil acreditar que nós mesmos nos colocamos nesta ou naquela situação, mas é maravilhoso perceber que a partir de agora nós podemos dirigir a nossa vida de forma coerente com a realidade que desejamos criar.

Tudo começa em nós. Quando acendemos a luz, iluminamos tudo a nossa volta. Quando mudamos dentro, a vida muda fora, quando nos transformamos, as pessoas se transformam, quando nos curamos, as pessoas se curam.

Quando aceitamos as nossas sombras, traumas, medos e dores e, ao mesmo tempo, identificamos e acreditamos nas nossas habilidades, talentos e dons, passamos a nos conhecer de verdade, passamos a fazer melhores escolhas e passamos a nos sentir em casa. Quando fazemos de nós o nosso próprio lar, nos sentimos em casa em qualquer lugar e já não é mais qualquer coisa (ou pessoa) que faz com que nos percamos de nós mesmos. Nós assumimos o controle. Nós assumimos a responsabilidade.

Por isso, não podemos medir a felicidade de uma pessoa pela quantidade de problemas que ela tem, mas sim pela sua capacidade de percebê-los e superá-los. Quando a gente olha para dentro, a gente se encontra. Quando a gente encontra o caminho, o caminho encontra a gente. E, muitas vezes neste processo, vamos tropeçar, vamos nos afastar, vamos nos questionar, mas sempre vamos querer voltar para casa, porque já não conseguimos mais viver distantes de nós mesmos.

Tomar a decisão de olhar para dentro e se conectar com a própria natureza é caminhar ao encontro da liberdade, da autenticidade de ser quem realmente somos na essência. Ser autêntico é ser livre do compromisso de agradar o outro, de ser aprovado pelo outro, de ser aceito a qualquer custo pelo outro. Quando agimos nos moldes de outrem, perdemos a nossa identidade e passamos a nos conectar com relações superficiais que não nos agregam em nada. Quando respeitamos a nossa autenticidade e entendemos que podemos ser aceitos e amados do jeito que somos, atraímos pessoas e relacionamentos verdadeiros e duradouros.

Infelizmente nos dias de hoje, as redes sociais têm ditado e padronizado cada vez mais comportamentos estereotipados e muitas pessoas usam a verdade do outro para não precisar olhar para a sua própria verdade. Por falta de tempo, de paciência ou por preguiça de pensar e de se aprofundar, se deixam acreditar naquilo que faz sentido para os outros e não para elas mesmas. É tão mais fácil viver sob a ótica de outra pessoa. É tão mais fácil viver no automático e deixar que o barulho do outro não nos permita ouvir o nosso próprio silêncio.

É no silêncio da nossa própria presença que ouvimos as nossas respostas. É no silêncio que ouvimos a voz da verdade, da sabedoria, da intuição. É no silêncio que encontramos o conforto, a serenidade e a paz. É no silêncio que nos tornamos mais conscientes e descobrimos (tiramos as cobertas) o nosso propósito de vida.

O propósito da vida é viver a nossa própria transformação, o nosso próprio amadurecimento, é agregar flexibilidade ao nosso potencial de mudança. Somos tal qual a escultura de Rodin aguardando que a nossa forma essencial se manifeste e apareça. Rodin quando questionado como havia esculpido a estátua *O Pensador* disse que ela já estava lá, que ele só tirou os excessos do metal ao seu redor.

Nós também precisamos tirar os excessos, os véus, as cascas que nos encobrem para conseguirmos acessar quem realmente somos na essência e entender qual é o nosso verdadeiro papel na trama da vida. Quem somos? Onde queremos chegar? Qual influência, legado, exemplo queremos deixar no mundo?

A nossa vida precisa estar direcionada para alguma coisa que faça o nosso coração bater mais forte, que faça sentido, que esteja de acordo com a nossa identidade, com a nossa missão. Todos temos uma missão e enquanto não a encontramos, ficamos à deriva, perdidos. É como construir uma casa sem projeto, sem planejamento. Por isso, é muito importante que encontremos o nosso caminho e tracemos as metas para a sua edificação. Fazer escolhas autênticas, assertivas e coerentes nos projeta para o mundo que queremos viver.

Quando nós temos um plano em ação, ele nos move, nos faz avançar, nos faz acordar (dar cor) todas as manhãs com mais motivação, com gana de viver, com coragem de enfrentar os traumas e as adversidades da vida. Quando cumprimos o nosso dever humano, a felicidade vem como consequência através da sensação de missão cumprida, do sono dos justos, da serenidade de ter vencido mais um dia com êxito.

Quando encontramos o nosso propósito, fazemos aquilo que nos corresponde e não serve apenas para nós (é maior do que nós), damos significado à nossa existência e ganhamos força e coragem para seguir em frente e enfrentar as batalhas da vida com mais leveza. Quando estamos caminhando na direção certa, a vida vibra, flui e quer a realização dos nossos objetivos. Quando encontramos o nosso lugar, tudo encontra o seu devido lugar.

Felicidade é quando nos encontramos conosco mesmos. Quando vamos para dentro com vistas a podermos sair melhores para fora. Quando descobrimos quem somos e identificamos quais as nossas reais habilidades, potencialidades e dons. É quando estabelecemos um propósito e o colocamos em prática. É quando damos sentido à vida, fazemos a diferença no mundo e nos tornamos fator de soma.

O nosso próprio paraíso é o lugar que nos faz sentido, que nos enche de paz e de felicidade. E nesse lugar, onde tudo ganha um significado, nos tornamos mais vulneráveis para entender, aceitar e flexibilizar as situações que fazem parte do nosso dia a dia. Adquirimos a capacidade de *desproblematizar* determinadas situações e criar estratégias para enfrentá-las da melhor forma e torná-las combustível para o nosso necessário e urgente progresso.

A pessoa que tem planos sólidos e propósitos firmes é mais feliz.

# 2. A SABEDORIA

"Muitos têm inteligência, porém poucos conseguem a sabedoria, pois a inteligência vem do homem, mas a sabedoria vem de Deus."

*Aguimar Braz da Cruz*

Sábia é a natureza, que sabe dividir seus encantos em estações. Cada uma com a sua característica, peculiaridade e ensinamento a ofertar. Sábia é a natureza, que tem a paciência para realizar tudo no seu tempo e espaço. Sábia é a natureza, que traduz a beleza e a grandiosidade divina em um simples botão.

Nós, que somos tão inteligentes, espertos e prevenidos, que fazemos seguro do carro, da casa, de vida, que pagamos um plano caro de saúde e blindamos os nossos carros, por que não conseguimos blindar o nosso espírito das aflições que certamente virão? Por que esperamos os problemas chegarem para corrermos atrás das soluções, quando poderíamos buscá-las anteriormente? Por que precisamos passar pela dor para despertar, se nós podemos fazer o caminho inverso?

Nós colocamos o telhado nas nossas casas antes do inverno chegar, mas não nos preocupamos com a proteção da nossa casa mental até que ela precise de um plano urgente para enfrentar os maus tempos que se apresentam. Quando o temporal da alma já está instalado não há muito o que fazer, senão esperar que ele passe para mensurar o seu grau de destruição e tomar as medidas necessárias para a retomada da vida.

Às vezes passamos muito tempo fazendo coisas urgentes e nos esquecemos das coisas importantes que vão justamente evitar as urgências futuras. Urgências são coisas que deveriam ter sido feitas antes, mas que não foram feitas na hora certa pela nossa imprevidência, falta de tempo e atenção.

Quanto estrago poderia ser evitado se estivéssemos preparados para a vida, se estivéssemos mais atentos, mais organizados, mais abertos aos ensinamentos de cada experiência? Quantas dores poderiam nos ser amenizadas ou poupadas? Quais têm sido as nossas escolhas? De Marta ou de Maria? No Evangelho de Lucas 10:38-42 encontra-se registrado o episódio envolvendo as irmãs Marta e Maria que tem muito a nos ensinar:

"Caminhando Jesus e seus discípulos, chegaram a um povoado onde certa mulher chamada Marta os recebera em sua casa. Maria, sua irmã, ficou sentada aos pés do Senhor, ouvindo-lhe a palavra. Marta, porém, estava ocupada com muito serviço. E aproximando-se Dele, perguntou: Senhor, não te importas que minha irmã tenha me deixado sozinha com o serviço? Dize-lhe que me ajude! Respondeu o Senhor: Marta! Marta! Você está preocupada e inquieta com muitas coisas, todavia apenas uma é necessária. Maria escolheu a boa parte, e esta não lhe será tirada."

Essa passagem nos alerta que muitos de nós, assim como Marta, estamos habituados a viver cheios de programações, de compromissos, de afazeres diários e distrações que perdemos oportunidades únicas e valiosas com que a vida nos presenteia frequentemente e que nos passam despercebidas. Já a atitude de Maria, que aproveitou uma oportunidade ímpar quando tinha o Mestre em sua casa e não perdeu a chance de ouvir atentamente os Seus ensinamentos, nos ensina a priorizar aquilo que é realmente importante e que fará diferença positivamente em nossas vidas.

Quais têm sido as nossas prioridades? O trabalho de Marta, mesmo importante, poderia esperar. A curiosidade e a preferência de Maria, não. Inúmeras são as vezes em que permitimos que as obrigações, distrações e estímulos do mundo material nos afastem do que deveria ser a nossa prioridade: abraçar os preciosos e os singelos presentes da vida com amor, gratidão e presença. Feliz de quem consegue perceber e aproveitar. Precisamos estar atentos e despertos para não menosprezar as oportunidades, por menores que elas pareçam. O trabalho e a ansiedade em muitas áreas da vida terrena não devem ofuscar, nem condenar a paz da alma daquele que escolhe viver na sabedoria.

A sabedoria humana é a maturidade da inteligência, assim como o aprendizado é a evolução do entendimento. Quem não entende, não aprende. A sabedoria não é apenas conhecimento; é prática, é serviço, é palavra, é pensamento. De nada adianta saber e entender se não a colocarmos em ação, se não fizermos o bom uso desse recurso, se não alinharmos a nossa limitada sabedoria à sabedoria de Deus. Sabedoria é para ser usada, bem usada.

Ninguém absorve sabedoria por osmose. Ela é uma conquista progressiva que não tem fim e que, uma vez conquistada, não nos abandona. Ela é reflexo da construção diária do esforço, da observação, da disciplina, do estudo, do serviço do bem, da vontade de querer ser melhor e entender o significado da vida. É preciso o impulso da vontade para que o coração endurecido possa aderir ao convite, possa despertar do sono.

Neste mundo onde temos muito a aprender e progredir, é impossível que não sejamos contemplados com provas de variadas espécies para o nosso aperfeiçoamento. Todos temos um longo caminho evolutivo a percorrer, e a dor é um dos mecanismos mais eficazes de volta ao caminho quando nos desviamos. Ela é o meio mais eficaz para o despertar, mas não é o único.

A escola da vida nos proporciona sempre três opções para o despertar da nossa consciência:

a) Aprender pelo amor
b) Aprender pelo conhecimento
c) Aprender pela dor

O amor será sempre a resposta, não importa qual seja a pergunta, mas se não formos capazes de amar, teremos a opção de buscar o entendimento das situações que se apresentam e absorver delas sua lição com resignação. A resignação reduz o impacto do sofrimento, impedindo que ele nos desestruture. Se ainda assim não atingirmos o objetivo desejado, a vida encontrará meios mais eficazes de nos fazer acordar. A dor é o último recurso didático de Deus, quando o aluno não passa nas provas anteriores. Convites ao nosso redor e em nós mesmos não faltam. A questão é que ainda insistimos em negligenciar a realidade e achar que ela é um mero sorteio de Deus.

A lei de causa e efeito opera no curso da vida. Ela é sábia nos processos que efetua. Dela não podemos fugir. As nossas próprias experiências dizem o que precisamos melhorar e o que precisamos estimular na nossa caminhada. Pode ser que ainda estejamos sob o efeito de causas pretéritas, até mesmo de outras vidas, mas precisamos cuidar agora do nosso presente para garantirmos efeitos mais amenos, mais valiosos e eternos para o nosso futuro. O nosso maior adversário somos nós mesmos.

Se Deus é justo e o sofrimento existe, há justiça no nosso sofrimento. Se nós conseguirmos entender a justiça nos nossos processos (de experiências que nós mesmos construímos), não haverá resistência, nem revolta da nossa parte, e sua função de despertamento, de correção de rota, se cumprirá com maior facilidade. Ao contrário, se há orgulho, fechamento, resistência, revolta, o sofrimento chega, mas não encontra um ambiente favorável para cumprir sua função. A rebeldia complica os melhores planos da vida.

Precisamos despertar e usar a sabedoria divina e a lei de causa e efeito a nosso favor. A lei que antes nos alertava, nos feria, agora passa a ser nossa aliada na construção do nosso amadurecimento.

Quando o problema chega, o homem desperto, consciente, usa a sabedoria conquistada ao longo da vida para digerir, refletir e encontrar a melhor forma de solucioná-lo. A voz da sua consciência é muito poderosa quando não abafada por meio das suas paixões e ilusões. O homem consciente sabe o que deve fazer, sabe que é detentor das respostas, da força e das orientações que necessita para atravessar as turbulências que se apresentam. O homem consciente não age por impulso; ele recorre ao seu melhor terapeuta: ele mesmo. E se por alguma razão ele não estiver em condições de tomar atitudes e decisões, ele utiliza o seu melhor recurso de fé: a oração.

Diante da prova, se estamos com a chama da espiritualidade e da sabedoria divina acesas, a intuição nos direcionará e a bússola do coração não nos enganará sobre o que nos compete fazer. Seremos conduzidos, não necessariamente àquilo que desejamos fazer, mas ao que necessitamos para progredir. "A intuição é quando você não sabe como sabe, mas você sabe que sabe." (Raniel Antunes)

Quando somos acometidos por uma situação desafiadora, se não conseguimos enfrentá-la com espontânea lucidez, devemos nos retirar para conseguirmos restabelecer as nossas emoções e acessar o nosso conteúdo interno (sabedoria), que nos direcionará sempre para a melhor solução. Viver com sabedoria é escolher o melhor caminho, o caminho que nos direcionará para a felicidade que tanto almejamos.

O ser sábio sabe que quanto mais urgente uma situação, mais calma ela exige. Que quanto mais complexo um assunto, mais compreensão ele propõe para clareá-lo. Que quanto mais difícil o estudo, mais leitura do que não está escrito ele demanda. Que quanto maior o discurso, menos palavras e mais gestos ele necessita.

O ser sábio faz o bom uso da sua inteligência emocional. Quantas vezes ensinamos as nossas crianças a não trazerem *desaforo* para casa! Se um colega, amigo as ferem, orientamos que paguem na mesma moeda. Quando o coerente seria trazer o *desaforo* para casa, para podermos juntos pensar, analisar, entender e encontrar a melhor forma de resolver e ajudar. Pagar na mesma moeda iguala a vítima ao agressor. Tenhamos paciência com aqueles que ainda estão adormecidos e usemos a nossa sabedoria a nosso favor e a favor do bem. Nosso desafio não é fazer um mundo melhor para os nossos filhos, mas filhos melhores para o nosso mundo. Desta forma seremos efetivamente capazes de garantir para eles um futuro mais promissor.

Os problemas que hoje surgem em nossas vidas têm apenas um objetivo: colocar-nos de volta ao caminho da felicidade. Cabe a nós aliviarmos esse caminho e tornar as provas e expiações mais suaves. Só depende de nós, da quantidade de sabedoria que colocamos nas nossas ações, nos nossos dias.

# 3. A PRESENÇA

"Na agitação dos dias de hoje, todos nós pensamos demais, buscamos demais, desejamos demais e nos esquecemos da alegria de apenas ser."

*Eckhart Tolle*

Dos ciclos da vida, a fase da infância é a que mais se assemelha à primavera. A primavera é vida, é frescor, é novidade, é criação, é presença que não está apegada ao passado. Ela só quer ser bela, frondosa. Assim é a criança, espontânea, cheia de vida, de viço, de vigor, de entrega, de vontade de viver cada dia como se fosse o último, de presença para aproveitar cada momento.

A primavera vive cada experiência com a intensidade da primeira vez. Cada flor, cada fruto, cada folha que se renova é uma nova obra prima, é diferente de todas as outras anteriores, é única. A primavera traz a boa nova, a beleza e a renovação da vida.

Podemos dizer que a primavera é a infância da alma, mas esta infância está, infelizmente, cada dia menos latente em nós. Cada dia mais abafamos o nosso estado primaveril em muitos aspectos, mas principalmente no que diz respeito a nossa capacidade de estar presente, de contemplar as maravilhas com que cada dia nos presenteia e de ter a paciência necessária para que a vida floresça na hora certa.

A falta de presença talvez seja o problema que mais cresça com a humanidade nos dias de hoje. O homem contemporâneo perdeu o endereço de si mesmo, devorado pela tecnologia. Ter tudo ao alcance das mãos faz com que estejamos em todos e em nenhum lugar ao mesmo tempo. A falta de presença nos leva a muitos lugares, menos a nós mesmos. Estamos dispersos, perdidos em meio a tanta informação, em meio a tanto barulho, em meio a tantas opiniões e verdades absolutas, que não conseguimos ouvir a nossa própria voz. Facilmente nos perdemos do nosso lugar primordial: o nosso Eu.

A falta de presença resulta em ansiedade, e viver em ansiedade é viver no futuro, em um tempo que não existe, em um lugar desconhecido, repleto de ilusões. É estar sempre projetando o que vai acontecer e esquecer que a vida está acontecendo agora. É estar vivo no futuro quando o único momento para estarmos vivos é o presente.

Viver em ansiedade é viver com pressa, e viver com pressa é desperdiçar as infinitas oportunidades com que o agora nos presenteia (os presentes do presente). Oportunidade de observar a beleza da vida nas pequenas coisas, os pequenos milagres do dia a dia, as minimaravilhas que acontecem a todo instante, seja através de um elemento da natureza, uma nova flor que desabrocha, a lua, o céu estrelado, um sorriso espontâneo ou o olhar curioso de uma criança... Estamos tão envolvidos com os nossos problemas, nossas rotinas que nada de *extra* conseguimos perceber, absorver ou contemplar. A vida vai muito além da nossa rotina, e cada segundo de vida perdido é uma dádiva desperdiçada. Ansiosos por grandes coisas, perdemos as coisas pequenas do agora.

Quantas vezes pegamos o telefone celular para fazer alguma coisa e nos deparamos com tantas outras que esquecemos do que fomos fazer? Quantas vezes fazemos uma pergunta e não prestamos atenção na resposta? Quantas vezes vamos ao mercado e nos esquecemos do que fomos comprar? Quantas vezes comemos, mas não saboreamos? Quantas vezes olhamos, mas não vemos? Esses são pequenos exemplos que nos mostram o quão desligados estamos do agora.

A falta de presença nos faz desperdiçar a vida na própria vida. É o momento presente sendo engolido pelo turbilhão da mente que não nos permite ver além daquilo que ela quer ver. Quantas mensagens, quantos sinais nos passam despercebidos pela nossa pura falta de presença?

Quando estamos apressados demais, perdemos tempo demais. Perdemos aquilo que nos é mais precioso. Quem tem pressa de viver, tem pressa de morrer, porque o tempo só nos aproxima cada vez mais daquilo que é certo: a morte. Morte do corpo físico, mas também morte daquilo que passou e não volta mais. A pressa só nos leva para mais longe de nós mesmos. Para mais longe da nossa presença, que é aqui e agora. E quanto mais longe nos encontramos de nós mesmos, mais difícil é a conexão com o nosso Eu e mais distantes ficamos da nossa verdade, da nossa essência e das nossas respostas.

Outra forma de total desconexão com o agora é viver no passado. Assim como o excesso de futuro causa quadros de ansiedade, o excesso de passado causa quadros de depressão. É o nosso passado morto comandando o nosso presente vivo. Viver de culpa, de dor, de mágoa, de sofrimentos de um tempo que não existe mais, é também uma forma de perder a vida em vida, de reviver e não viver.

Na falta de presença surge a chamada Sociedade do Analgésico, aquela que já não consegue resolver seus problemas de ansiedade (futuro) e de depressão (passado) sem a intervenção de remédios. As pessoas estão doentes e cada vez mais dependentes de medicações para os mais corriqueiros fins e já não conseguem mais resolver seus problemas de forma lúcida e consciente. Vivemos em uma sociedade frágil e anestesiada. E o pior: crianças e adolescentes estão cada vez mais expostos a essas drogas lícitas e cada vez menos capazes de administrar suas próprias questões e encarar suas próprias sombras.

As taxas de desequilíbrio da humanidade chegaram em níveis alarmantes. O psiquismo do planeta é a soma do nosso psiquismo. Somos uma sociedade de aparência; se tirarmos todos os remédios, seremos muito piores do que nos mostramos. Nós nos escondemos atrás dos medicamentos e queremos que eles resolvam os nossos problemas, sem que haja a nossa própria mudança, a nossa própria transformação.

Precisamos aceitar que não temos como voltar no tempo e modificar as circunstâncias que nos machucaram e nem prever as situações que nos acontecerão amanhã, mas podemos transformar o presente ressignificando a nossa percepção e libertando os fantasmas que se alimentam de experiências vividas e que projetam as experiências futuras.

A vida não é ontem, nem amanhã. A vida é hoje. Viver o agora é respeitar a coerência da vida onde tudo tem seu tempo, a sua hora para acontecer. Assim como a semente germina, cresce e floresce no seu tempo, a vida também precisa de tempo e de paciência para florescer. Se plantarmos uma semente, com o tempo ela se transformará em uma bela árvore, frondosa, com flores e frutos. De apenas uma semente, nascem possibilidades em abundância.

Portanto, se plantarmos hoje uma pequena semente no nosso coração e tivermos paciência para cuidá-la e vê-la crescer no seu tempo, ficaremos surpresos com os resultados que certamente virão. E eles virão em dobro, em triplo... Por isso, é preciso muito cuidado com o que plantamos, porque é exatamente isso que vamos colher. Se plantarmos trigo, vamos colher trigo, se plantarmos laranjas, vamos colher laranjas, se plantarmos amor, vamos colher amor, se plantarmos ódio, vamos colher ódio. O semear é livre, mas a colheita é obrigatória.

Precisamos cuidar do jardim da nossa existência. Ninguém pode fazer isso por nós; nós somos os jardineiros: o que plantamos agora determina o que vamos colher no futuro. Por isso, não percamos tempo, porque alguns processos são longos e podem demorar uma vida toda. Outros são surpreendentemente rápidos, e, quando menos esperamos, já conseguimos apreciar e até colher alguns frutos.

Assim como as diferentes vegetações têm tempos distintos, cada um de nós tem seu próprio tempo de despertar. Mas a vida nos convida hoje, nos convida diariamente a darmos o primeiro passo rumo ao nosso florescimento. Todo novo amanhecer é uma oportunidade de sermos melhores, não para os outros (pois isso será consequência), mas para nós mesmos. Todo novo dia nos lembra que nunca é tarde para começar (ou recomeçar) quantas vezes forem necessárias.

É no silêncio que estabelecemos a maior conexão conosco mesmos e que conseguimos ouvir as mensagens e respostas que a vida tanto quer nos dar. O excesso de fazer tira o lugar do ser. Não precisamos estar sempre em ação, sempre em produção para gerar transformação. Ao contrário, quando silenciamos podemos alcançar a verdadeira transformAÇÃO do ser, aquela que vem de dentro para fora e transforma tudo e todos ao nosso redor.

Quando nos aquietamos conseguimos ouvir a nossa própria voz e o que ela tem a nos dizer no momento presente para que possamos fazer as escolhas que estão em sintonia com o nosso propósito. É no estado de vazio que nos deparamos com a nossa própria presença e que abrimos espaço para o novo entrar, para novas ideias, para a criatividade, para os sonhos esquecidos, para novas pessoas, para novos relacionamentos e para o potencial máximo da vida.

Que o nosso estado de presença nos aproxime cada vez mais de nós mesmos, da fonte inesgotável de tudo que precisamos para aproveitar ao máximo esta existência que se apresenta aqui e agora.

Que possamos estar atentos aos chamados, às mensagens e às infinitas bênçãos disfarçadas em cada situação que nos acontece. Que essas situações (boas ou ruins) sejam úteis no nosso processo de desenvolvimento e que, a partir delas, possamos ir além.

Só o agora importa, só agora temos a chance de viver a vida na sua plenitude. É só no momento presente que nós conseguimos encontrar a paz. A paz não está no passado, não está no futuro; ela está no presente. Que o nosso despertar nos desperte para a vida que viemos viver. Que possamos despertar para o nosso propósito, para a nossa consciência, para a nossa espiritualidade. Que possamos despertar a força divina e infinita que está em nós e que tudo pode.

Que possamos reproduzir a beleza da primavera em todos os ciclos da nossa vida, colocando amor, entrega, calor, emoção, paciência e presença nos nossos gestos cotidianos. Que possamos manifestar e contemplar o que há de mais belo nesta estação e agradecer a dádiva de podermos renascer todos os dias.

# 4. O OUTRO

"Para fazer a diferença na vida de alguém, você não precisa ser rico, bonito ou perfeito. Você precisa se importar."

Chico Xavier

Existem pessoas que mesmo de longe se fazem presentes, e outras mesmo bem de perto estão ausentes. Uma bela forma de estar presente é olhar nos olhos das pessoas, principalmente quando estamos conversando. Este simples ato nos conecta com o outro e faz com que estejamos com ele por inteiro, exercitando a nossa capacidade e paciência de ouvi-lo e quem sabe ajudá-lo de alguma forma.

Fazer conexões humanas e aprofundar vínculos com as pessoas são fundamentais para o nosso processo evolutivo. Não por acaso estamos compartilhando do mesmo momento na vida terrena e muito menos por acaso os nossos caminhos se cruzaram. As pessoas que passam por nós sempre deixam um pouco de si e levam um pouco de nós. Algumas passagens são breves, outras longas, mas com todas temos a aprender.

As pessoas do nosso núcleo familiar são as que mais precisam da nossa atenção, da nossa presença, pois com elas temos afinidades e/ou desafetos que precisam ser trabalhados e polidos nessa oportunidade. Não por acaso as relações mais difíceis e desafiadoras se encontram muitas vezes dentro da nossa própria casa. Cada indivíduo é ali colocado para avançar em meio à convivência e à interação.

Ao longo das nossas tantas existências anteriores perdemos muitas oportunidades de nos retificarmos com essas almas que agora se encontram novamente em nossos caminhos no ambiente sagrado do lar para que possamos reparar as pendências do passado. Na reencarnação ninguém erra de endereço. Trocam-se os cenários, trocam-se as vestimentas, mas o propósito desse elo é sempre o mesmo.

A família é um curso intensivo na escola da vida com vistas a nos preparar para a convivência com a grande família humana. Ela é a microssociedade que nos prepara para viver na macrossociedade. É o intercâmbio que favorece o desenvolvimento de laços mais amplos com outros espíritos para além do círculo estreito do lar.

A família é o *problema* mais fundamental que nos trouxe de volta. Se esquecermos de todos os nossos deveres para com o mundo afora, mas estivermos plenamente atentos e presentes com os deveres para com a família, muito já teremos feito. Ao contrário, se a abandonamos, se desistimos de cumprir o nosso papel na família, estaremos desistindo de nós mesmos, estaremos desacelerando a nossa capacidade evolutiva.

A vida nos convida a estarmos em paz com todos, mas principalmente com aqueles que estão mais próximos de nós. O caminho para o nosso aperfeiçoamento está disponível portas adentro da nossa alma e portas adentro da nossa casa (com os nossos). Muitas vezes achamos que o outro é o nosso problema, quando na verdade é a nossa mais preciosa solução, o nosso mais precioso trampolim para o nosso desenvolvimento espiritual.

Exercitar a compaixão é lembrar que todos temos limitações, traumas, pendências desta ou de outras vidas, que precisam ser acolhidas e trabalhadas. É lembrar também que estamos todos na mesma escada (uns mais adiantados, outros mais atrasados) rumo à nossa urgente ascensão. Todos estamos no processo e juntos podemos tornar a subida mais leve e menos sofrida.

Existe uma lei de cooperação regendo a nossa escalada. Temos muito a aprender com a experiência, com a dor, com o sucesso do outro. Não estamos sós. Estamos rodeados de pessoas dividindo a mesma existência, dividindo muitas vezes os mesmos problemas, as mesmas crises, os mesmos sofrimentos, os mesmos sonhos. Com o outro temos a oportunidade de interagir e compreender que, apesar da aparência da vida perfeita das redes sociais, todos estamos enfrentando questões relativas à nossa evolução.

Quando escolhemos relações superficiais e adotamos as redes sociais como parâmetro, nos tornamos infelizes, pois a vida do outro passa a ser perfeita, linda, divertida e só EU passo a ter problemas. Quando não sabemos o que está por trás de cada *post*, de cada filtro, nos sentimos inferiores e esquecemos que não existe ninguém, nenhuma vida que seja livre de vicissitudes.

Quando nos aproximamos do outro, ouvimos e falamos, nos tornamos pessoas reais, com problemas reais, com dificuldades reais e livres para sermos o que e como realmente somos. Quando abrimos o nosso coração a outrem, nos abrimos para novas possibilidades, novas perspectivas. Quando estamos à disposição do outro e nos tornamos ouvintes, ajudamos, mas também somos ajudados.

Ouvir é importante, mas falar também pode ter grande utilidade. A linguagem verbal pode ferir e destruir, mas também pode construir e curar. A palavra tem força e uma relevância muito significativa nos nossos relacionamentos. Precisamos cuidar para que as nossas palavras sejam melhores que o nosso silêncio. Uma palavra pode ficar gravada para sempre na alma e no coração e, dependendo da forma como for proferida, pode arruinar relações e deixar profundas mágoas. Precisamos ter o cuidado de fazer bom uso desse recurso.

Nós nos tornamos seres humanos melhores interagindo com os outros, espalhando e absorvendo experiência. O egoísmo é o oposto de caridade, de empatia. A minha verdade, a minha crença, o meu partido político, o meu time, a minha religião, a minha orientação sexual são bons, são legítimos, os dos outros não. Nós somos seres sociais e precisamos aprender a conviver com as diferenças e respeitá-las. A diversidade é um atributo necessário para o nosso processo de crescimento.

Tentar viver por si mesmo, desconectado do outro e do todo é o caminho mais longo e mais difícil. A convivência com a diferença, a convivência com o outro revela verdadeiramente quem nós somos. Essa interação mostra aspectos da nossa personalidade que necessitam ainda de aperfeiçoamento. Por isso, interagir com o outro é uma grande oportunidade de conhecer a nós mesmos, de despertar os nossos potenciais.

Algumas pessoas passam anos buscando conhecimento, lendo e aprendendo sobre espiritualidade, mas não conseguem colocá-la em prática. De nada adianta agregar somente conhecimento; precisamos exercer a espiritualidade em todas as suas nuanças, em todos os seus níveis, principalmente naqueles que somos constantemente convidados. De nada adianta ter bons pensamentos; é preciso ter bons sentimentos para consigo e para com o outro. À medida que vamos nos conhecendo, vamos conhecendo o outro também. À medida que nós acolhemos as nossas dificuldades, nós conseguimos acolher as dificuldades do outro. À medida que nós nos aceitamos, passamos a aceitar o outro. A vida nos convida a despertar, mas só consegue despertar quem está preparado para encarar a própria sombra. Quando aceitamos a nossa sombra, adquirimos a capacidade de aceitar a sombra do outro. Deparamo-nos com os seres imperfeitos que somos e conseguimos, assim, manifestar a compaixão ao próximo.

Se podemos e queremos compartilhar a nossa felicidade, podemos também compartilhar a nossa tristeza, os nossos anseios, os nossos medos, as nossas dificuldades. Dessa forma passaremos pelos processos (bons e ruins) de um modo mais humano, mais verídico e menos romantizado.

Podemos e devemos ser os alicerces uns dos outros. Que possamos nos fazer presentes e oferecer um abraço de verão, caloroso, intenso, feliz e pleno, mas também oferecer um abraço de inverno quando necessário, recheado de profundidade, acolhimento, amparo e descanso.

Podemos discordar, mas jamais dissentir, menosprezar o ponto de vista do outro, que nada mais é do que a vista de um outro ponto. Quando nos permitimos olhar os acontecimentos de outros pontos, conseguimos respeitar e até entender a percepção do outro.

Somos um e somos parte do todo. E o todo não seria completo sem este um. Nenhum de nós é melhor do que todos nós juntos.

# 5. O CORPO, A MENTE E O ESPÍRITO

> "Saúde é quando corpo, mente e espírito se fundem em perfeita harmonia."
>
> *Rafaela Ferreira Cidade*

Na primavera começa a corrida desenfreada pela busca do tão sonhado corpo perfeito para o verão. E os poucos meses que o antecedem parecem ser suficientes para alcançar tal objetivo, seja através de uma dieta rigorosa, da inclusão de exercícios físicos na rotina já assoberbada ou até mesmo de um procedimento estético invasivo que fará a mágica acontecer.

O fato é que esta é uma busca que não tem fim, porque a perfeição nunca chega. Quando melhoramos uma coisa, logo encontramos outro motivo de insatisfação. E assim vamos nos iludindo e esquecendo que esse padrão ideal talvez não seja compatível com a nossa compleição e que talvez não sejamos capazes de sustentá-lo por muito tempo.

A pessoa saudável é aquela que respeita os limites do próprio corpo e cuida da sua alimentação o ano inteiro, nutrindo-o com equilíbrio e movimentando-o de forma contínua, não para enfrentar o verão, mas para viver e se sentir bem todos os dias. E o sentir-se bem não está relacionado apenas à questão estética, mas também, e principalmente, às questões relacionadas à saúde física, mental e psíquica.

Quando ingressamos no caminho do despertar, passamos a compreender que não somos apenas um corpo físico, e sim uma tríade formada por **corpo, mente e espírito** e nos tornamos conscientes de que esses três elementos precisam estar alinhados, em harmonia, e que todos eles precisam de cuidados especiais.

# O CORPO

O corpo físico é o nosso templo, o nosso instrumento de trabalho, de aprendizado e de redenção. Precisamos cuidar muito bem dele, pois ele nos acompanhará ao longo de toda a nossa trajetória terrena. Nós temos o compromisso de tratar bem dessa ferramenta maravilhosa tão fundamental para o rumo da nossa evolução espiritual.

Beber água, comer bem, fazer atividades físicas regularmente e fazer *check ups* anualmente parecem ser atitudes mais que suficientes para manter o corpo saudável. Estas são sim atitudes muito importantes, mas o que muitos não sabem é que elas não são suficientes nem garantias de uma saúde perfeita.

Uma pessoa pode estar com o corpo físico aparentemente em dia, mas pode estar desenvolvendo uma grave e silenciosa doença por nutrir sentimentos de raiva, mágoa, medo, abandono, tristeza, baixa autoestima, egoísmo, intolerância, etc. Os nossos sentimentos são tão poderosos que têm a capacidade de enviar jatos de veneno no nosso próprio corpo. Quando plantamos esses sentimentos na nossa alma, eles crescem e podem se transformar em dores ou até mesmo em graves doenças físicas. É o corpo transbordando aquilo que o está preenchendo.

As doenças não estão relacionadas com o que alimentamos o nosso corpo físico, mas com o que alimentamos o nosso espírito. Toda vez que insistirmos em alimentar sentimentos ruins, vamos afetar a nossa estrutura e adoecer espiritualmente, psiquicamente, emocionalmente e, por fim, fisicamente. O nosso corpo mostra o que está impresso na nossa alma. De nada adianta tentar esconder os nossos sentimentos, pensamentos e emoções, pois a nossa própria mente contará tudo para o nosso corpo.

As doenças não aparecem de uma hora para outra. Quando nós ficamos finalmente doentes fisicamente é porque já perdemos todo um tempo em que poderíamos ter interrompido o processo da doença pela nossa própria vontade, pela nossa mudança de atitude. Quando alimentamos energias e magnetismos negativos por muito tempo, os nossos órgãos se abalam e a enfermidade se instala.

As doenças são o resultado de uma lei chamada ação e reação. O corpo físico não suporta anos e anos de maus-tratos. A nossa estrutura corporal é delicada, funciona no detalhe e não está preparada para pesadas cargas de mágoa, de ódio, de desejo de vingança e de rancor. Estas afetam o nosso sistema imunológico e causam distúrbios no nosso cérebro, intestino, coração, etc. O cultivo desses sentimentos tóxicos nos destrói mais do que o próprio mal que nos foi feito. O ódio é um veneno que tomamos achando que vamos matar o outro, mas que só prejudica a nós mesmos.

Muitas das enfermidades foram desenvolvidas de experiências e sentimentos que tiveram origem no passado e que continuaram de alguma forma armazenadas no nosso interior. A doença nada mais é que o efeito externo de pensamentos internos. A mágoa, por exemplo, significa água parada, e água parada apodrece, atrai insetos e pode causar muitos danos se for ingerida. Da mesma forma, a mágoa pode fazer grandes estragos no nosso corpo.

Mas ela é uma pessoa tão boa e está tão doente, por quê? A doença não está relacionada ao seu grau de bondade com os outros, e sim com ela mesma. Uma pessoa que se doa demais para outros e não cuida de si, que tem tempo para os outros e não tem tempo para si, que dá conselhos para os outros e não os usa para si, que ajuda os outros, mas nutre ressentimentos, que respeita os outros, mas não respeita a si, não consegue edificar a sua própria fortaleza. Não temos como perceber o que cada um carrega e alimenta dentro de si, até que o corpo transborde e se comunique.

## A MENTE

Tão fundamental quanto buscar músculos fortes e cuidar do corpo físico, é cuidar da saúde da mente e adquirir resistência para as intempéries da vida. A mente é a responsável pelos nossos tantos desequilíbrios e crenças que nos impedem de sermos plenamente felizes. É ela que armazena e coleciona fatos e histórias passados para nos assombrar. É ela que tem o poder de nos levantar e de nos derrubar ao mesmo tempo. É ela que nos sabota e ri da nossa cara. É ela que nos leva para o passado e para o futuro, e faz com que nos percamos de nós mesmos.

A mente pode ser uma arma perigosa quando a deixamos livre e liberta. Ela nos cega e não nos permite ver o tamanho da nossa grandeza, da nossa imensidão, e faz com que nós vivamos de uma forma pequena, agarrados na nossa limitada versão dos fatos.

Ahhh, a mente, tão criativa, tão envolvente! Se soubéssemos usar todo esse potencial a nosso favor, a favor do bem, da saúde, da motivação, do amor, seria tudo muito lindo. A mente é maravilhosa, é poderosa, e pode, sim, nos ajudar de muitas formas. Quando nos ligamos à sua positividade, podemos alcançar muitos objetivos e atrair muitas das situações desejadas. A famosa lei da atração, da força do pensamento, da Cocriação da realidade, são exemplos de mentes bem treinadas e bem-sucedidas.

A boa notícia é que a mesma mente que cria a nossa doença, também tem o poder de curá-la, que a mesma mente que nos derruba, nos levanta, que a mesma mente que nos paralisa, nos move. O que precisamos é saber dominá-la e usá-la a nosso favor. E como fazemos isso? A resposta é a mesma de sempre: olhando para dentro, buscando o centro do nosso coração, indo ao encontro com a nossa espiritualidade. Esse mergulho nos direcionará para a magnitude do nosso Eu, que é livre de todas essas camadas de ilusões e distorções do ego.

Nesse lugar, no silêncio do nosso âmago, podemos nos conectar com os mais poderosos e transformadores sentimentos de cura. O PERDÃO talvez seja o sentimento com o maior efeito medicinal no nosso organismo. O perdão interrompe a onda do mal. Se o ódio é o veneno, o perdão é o antídoto. Perdoar a quem nos magoou ou fez algum mal é importante, mas para o processo de cura o fundamental é perdoarmos a nós mesmos. Perdoar é soltar, é desistir, é deixar ir algo que não nos serve mais, que faz parte do nosso passado. Quando perdoamos, não corrigimos o outro, mas dissolvemos os ressentimentos, nos libertamos do passado e curamos as nossas doenças.

Quando nos voltamos para as dificuldades passadas e refletimos sobre a ideia de que algo nos foi tirado, mas que algo também nos foi dado (ensinamento e amadurecimento), conseguimos fazer as pazes com o passado, ficamos quites, saímos com mais consciência, em paz, e fechamos as contas com a vida. "Vida nada me deves, estamos em paz" (Amado Nervo).

Se erramos ou fizemos más escolhas no passado, precisamos entender que fizemos o melhor que podíamos com a compreensão, a consciência e o conhecimento que tínhamos na época. Hoje nós não somos mais os mesmos; a vida é movimento, e nós estamos constantemente em transformação, em evolução. Quando conseguimos perceber que o nosso eu de hoje é diferente do eu do passado, conseguimos nos perdoar.

Quanto ao outro, que nos magoou ou prejudicou, deixemos que a vida se encarregue de fazer a sua justiça. Não nos cabe julgar, nem cobrar, nem gastar o nosso tempo e energia reagindo ou pagando na mesma moeda. A pessoa que nos prejudicou vai seguir sua vida, porque o acerto dela é com a lei divina. A vida é sábia, tudo tem seu tempo. Se o outro ainda não aprendeu ou percebeu é porque ele ainda não está pronto. De uma forma ou de outra, hoje ou amanhã, a vida vai encontrar a forma mais inteligente e eficaz de tocar o caminho de quem ainda está adormecido.

O mal que nos fizeram não deve valer o nosso sacrifício. Colocar a culpa no outro, assumir o papel de vítima ou de vingador não cura ninguém; ao contrário, só fere ainda mais quem assume tais posturas. O perdão é um presente que nós oferecemos ao outro, mas quem ganha somos nós mesmos.

Outra chave indispensável e de extrema eficácia curativa é o AMOR-PRÓPRIO. O amor é remédio milagroso e opera grandes milagres em nós. Quando amamos, aceitamos e aprovamos a nós mesmos exatamente como somos, a vida passa a funcionar, a fluir. A autoaceitação no aqui e agora promove mudanças positivas não só no nosso corpo físico, mas também em todas as áreas da nossa vida.

Silenciar o nosso crítico interno (mente), ser amável, gentil e respeitar a nós mesmos nos ajuda muito no processo da cura. A boa saúde, a prosperidade, o amor no relacionamento e a criatividade começam com o fortalecimento do amor-próprio.

Expandir o coração e deixar um rastro de amor por onde passamos nos ajuda no fortalecimento dos planos físico, mental e espiritual. Dar o nosso melhor, valorizar a vida e deixar um pouco de nós em tudo que fazemos são atitudes que varrem os pensamentos inoportunos e garantem dias mais saudáveis.

Outro sentimento com poderes de varinha mágica é a GRATIDÃO. Agradecer é um sentimento que limpa a sujeira que está dentro de nós e abre espaço para uma atitude mais positiva que influencia todas as áreas da nossa vida. Quanto mais nós cultivamos um coração agradecido, mais em paz nos sentimos com o que nos acontece.

Ser grato pelo que se é, pelo que se tem, por tudo que já se conquistou e progrediu. Ser grato pela saúde, pela máquina perfeita que é o nosso corpo, pela família e pelos amigos. Ser grato pelas coisas boas e pelas coisas ruins que nos fizeram chegar até aqui.

Ser grato é olhar para o que está sobrando e não para o que está faltando na nossa vida. Quantas vezes rezamos para conquistar o que já temos hoje? Saibamos agradecer as dádivas recebidas até aqui sem deixá-las cair em esquecimento ou adormecidas na nossa rotina.

Nós vivemos em um mundo que se define pela dualidade; há sempre o aspecto obscuro e o aspecto luminoso das coisas; tudo é uma questão de ponto de vista. Quando nos determinamos a olhar pelo lado luminoso, percebemos o lado bom das coisas que nos acontecem e conseguimos agradecer.

Agradecer a abundância da vida, o bom funcionamento dos nossos órgãos, o sangue que circula livremente, as células que se multiplicam com saúde, o ar que flui constantemente nos nossos pulmões e tantos outros processos aparentemente simples e silenciosos (mas de extrema importância) que passam facilmente despercebidos no nosso dia a dia.

A vida é feita de detalhes. Observar as pequenas coisas do dia a dia, estar presente, valorizar o que de mais belo a vida nos oferece todos os dias e ser grato por elas nos traz a SERENIDADE, sentimento fundamental no caminho da cura.

Outra boa notícia é que não importa por quanto tempo mantivemos sentimentos negativos na nossa vida; o que realmente importa e liberta é saber que o nosso ponto de poder se apresenta no agora, e agora somos convidados (ou convocados) a abandonar os velhos padrões e viver em paz.

Tudo que experienciamos até hoje foi criado pelos pensamentos e crenças escolhidos no passado. E estes criaram a nossa realidade até então. Não temos o poder de modificar o passado, mas temos o poder de escolher pensar, acreditar e proferir os pensamentos e palavras hoje que criarão a nossa realidade futura. Precisamos tomar consciência deste poder e prestar atenção nos nossos pensamentos.

Aquilo que nos magoou no passado, aquela situação difícil, aquela pessoa indesejada que cruzou o nosso caminho e nos deixou marcas não existem mais. A mente tende a ir para o passado, porque é o que ela conhece. Mas quando abrimos as portas do nosso coração e enfrentamos a nossa própria sombra, permitimos que a luz entre e ilumine a nossa escuridão. Nós só conseguimos transformar o passado quando transformamos o presente. Nós só conseguimos nos curar da nossa doença quando ressignificamos a sua origem.

E se recebêssemos a graça de ter todos os nossos problemas, dramas e enfermidades resolvidos? Se Jesus, o médico das almas, nos concedesse a cura de todos os nossos males na Terra, seríamos capazes de nos mantermos assim? De mantermos este manancial, ou cairíamos nos mesmos abismos que antes nos engoliram?

Jesus chorou por perceber que muitos dos seus milagres se concretizaram apenas na parte física dos seus *pacientes* que, em seguida, mergulharam novamente nos mesmos equívocos que originaram seus males anteriormente.

De nada adianta a cura externa, um remendo, se não tratarmos o mal pela raiz, se não entendermos os motivos pelos quais estamos passando por esta ou por aquela situação. Se não nos curarmos dentro, as mesmas enfermidades se apresentarão da mesma ou de outra forma no nosso corpo. A cura não pode ser uma alegria efêmera e superficial, mas uma profunda transformação da nossa alma.

É parte da cura o firme desejo de ser curado, de ser livre. O milagre só depende de nós.

## O ESPÍRITO

"O corpo existe tão somente para que o espírito se manifeste" (Allan Kardec). O espírito é a alma que vive uma grande experiência dentro do corpo. É a vida que habita em nós. É o ser inteligente da criação.

O homem com toda sua inteligência e genialidade é capaz de fabricar uma semente exatamente igual à semente *fabricada* pela natureza. Se colocarmos elas lado a lado, não conseguiremos distinguir a verdadeira da falsa semente. A diferença entre elas é o que está além do que podemos perceber com os olhos físicos; é a vida que se esconde, que cresce e se transforma. O homem jamais será capaz de colocar vida em uma semente fabricada por ele.

Se colocarmos dois corpos lado a lado, um morto e um vivo, perceberemos que o vivo está preenchido de algo que vai além do sangue, do esqueleto e dos órgãos. Ambos os exemplos, a semente natural e o corpo vivo, estão preenchidos de vida, de algo que vai além da matéria. Por isso, nós não somos apenas seres materiais; nós somos vida, nós somos seres espirituais com um propósito que vai além do corpo físico. O espírito e o corpo se fundem nesse mesmo propósito.

Para que o nosso espírito possa trabalhar de forma saudável, nós precisamos cuidar do seu campo energético. As energias são chaves para alcançar o êxito e superar os obstáculos do caminho. Assim como o nosso corpo e a nossa mente exigem cuidados especiais para exercerem as suas funções de forma mais proveitosa, o espírito também necessita de atenção.

Todos nós carregamos uma carga energética que devemos aprender a utilizar corretamente e não a desperdiçar. Temos o poder de dominar essas energias e usá-las no nosso dia a dia, mas existem muitos agentes internos e externos que podem interferir no seu aproveitamento.

Precisamos estar atentos aos muitos hábitos que impedem que a nossa consciência se eleve e sugam/drenam a nossa energia:

- Reclamar
- Fofocar, falar mal dos outros
- Julgar, criticar os outros
- Assistir/ouvir noticiário, compartilhar más notícias
- Viver a vida alheia, se comparar e invejar
- Querer agradar a todos e dar conta de tudo (não saber dizer não, se sobrecarregar)
- Alimentar pensamentos negativos
- Sedentarismo
- Falta de organização
- Vícios
- Dormir demais ou não descansar
- Usar telas em excesso

Assim como o alimento supre a nossa demanda física e nutricional, o contato com a natureza supre a demanda energética do espírito. Ficar de pés descalços na grama, na terra, na areia, mergulhar no mar, tomar banho de chuva, contemplar e sentir a força das águas, pegar sol são experiências que recarregam a nossa bateria e nos reconectam com o nosso estado essencial. A natureza é altamente harmonizadora, por isso precisamos deixar que ela penetre em nossas vidas de diferentes formas.

Além do contato com a natureza, outras formas práticas de reestabelecermos o nosso equilíbrio espiritual e energético são:

- Iniciar o dia com bons pensamentos potencializa a capacidade de torná-lo muito mais produtivo e feliz.
- Meditar ou simplesmente silenciar (estar consciente do momento presente) e se conectar com a respiração que é força vital de energia.
- Rezar, conversar com Deus, agradecer, praticar a fé.
- Beber água é uma excelente fonte de purificação; aliás a água é um remédio que serve para tudo e para todos.

- Ouvir música, cantar e dançar.
- Movimentar o corpo e fazer a energia acumulada circular.
- Pensar e falar sobre coisas boas (procurar o lado bom das coisas).
- Abrir, arejar e limpar a casa.
- Evitar excessos das coisas óbvias (bebida, comida), mas também de tudo, pois o excesso em si já demonstra um descompasso, uma fraqueza em uma determinada coisa para suprir outra.
- Fazer o bem, cuidar, conversar, doar-se.
- Selecionar as pessoas com quem vamos nos relacionar e os lugares que vamos frequentar.

Se nós cuidamos do nosso corpo físico mesmo sabendo que ele vai morrer, o cuidado deve ser redobrado com o nosso espírito, que é imortal. Todo dia precisamos *dar um banho* no nosso espírito e assim limpar as pequenas mágoas, tristezas, ressentimentos do dia a dia para não os acumular no nosso caminho.

Com o tempo, com o despertar cada vez mais latente da nossa consciência, vamos aprendendo a desancorar sentimentos e emoções que já não fazem mais sentido e passamos a nos blindar de determinadas pessoas e lugares que já não combinam com a vida que desejamos viver.

Quando nós fazemos a nossa parte, a vida faz a dela. Quando nós curamos aquilo que depende de nós, que está ao nosso alcance, a vida responde com a mesma intensidade, e cura tudo a nossa volta.

Que nós tenhamos a lucidez de sermos o nosso melhor amigo. Que possamos cultivar o bem-estar, alimentar, movimentar e cuidar do nosso corpo físico. Que possamos nos arrumar, usar uma roupa bonita e até fazer alguns procedimentos estéticos, mas nunca esquecer de cultivar, cuidar e proteger também a nossa mente e o nosso espírito. Que nós possamos investir menos (tempo e dinheiro) naquilo que tem prazo de validade e investir mais naquilo que vamos levar para a eternidade.

# 6. O EGO

"O ego é um véu entre os humanos e Deus."

*Rumi*

O ego quer brilhar como os belos dias de verão, que, mesmo dependendo de todas as outras estações para acontecer, ganha a preferência e os méritos todos para ele. O ego quer ser esperado, festejado e amado como a estação mais quente do ano. Quer ser a plenitude, o ápice da vida, a felicidade ainda que efêmera e feita apenas de aparência.

O ego é uma estrutura psicológica que surge logo após o nascimento, quando o bebê passa a se perceber como um ser único e não mais como extensão da sua mãe. Ele é o grande responsável por conduzir, por direcionar o nosso consciente nas decisões que vamos tomar, nas escolhas que vamos fazer e em tudo aquilo que vamos comandar conscientemente durante a nossa encarnação.

A mente vem vazia como uma bênção da existência e por isso o ego, na sua essência, é neutro, um mecanismo que pode ser organizado como quisermos. Cada indivíduo constrói o seu ego de maneira única e peculiar. Ele pode ser bem estruturado e conseguir realizar bem as suas importantes funções, ou fraco a ponto de sucumbir facilmente aos impulsos e às reações emocionais. O ego pode ser o centro de toda conduta interesseira, o egoísmo, ou o centro da conduta da beneficência, o altruísmo. Tudo vai depender da forma como vamos trabalhar a nossa mente.

Um ego mal estruturado não dá conta de gerenciar todos os conteúdos que transitam entre o inconsciente e o consciente. Por isso, as experiências da vida e as colisões entre os mundos internos e externos se fazem muito importantes para o seu fortalecimento.

O ego é um subproduto da sociedade, do viver com os outros. A sociedade dá um centro, um padrão para vivermos em harmonia com o todo, e pouco a pouco nós vamos nos identificando com esse centro e vamos desenvolvendo o nosso ego e tornando-nos, com o tempo, cada vez mais dependentes e escravos dele.

O padrão ditado pela sociedade é na verdade um grande truque através do qual ela passa a ter controle sobre nós, a determinar o nosso comportamento e a ditar regras para sermos aceitos e apreciados pelas massas. Se desrespeitarmos os códigos impostos e a sociedade não nos apreciar, nosso ego ficará extremante abalado e ferido. Quando o nosso ego se abala, ficamos perdidos, sem saber quem somos, pois estamos viciados, apegados na segurança que ele falsamente nos dá.

Até o infeliz protege o seu título do EU SOU, para pelo menos ser alguma coisa. Nós não suportamos o vazio, o vácuo existencial. Precisamos estar constantemente agarrados em alguma coisa ou em alguém. Precisamos de títulos, de rótulos, de fórmulas para nos encaixarmos e sermos aceitos na sociedade em que vivemos.

Viver entre as cercas deste centro que nos foi ensinado é como olhar a vida apenas pela fechadura da porta. A nossa visão fica limitada e perde a grandeza do todo. Nós conhecemos apenas uma parte bem pequena do nosso ser, mas em algum lugar o nosso verdadeiro centro está oculto, adormecido, aguardando o despertar da nossa consciência.

O ego pode ser comparado a uma flor de plástico. Ao contrário do nosso centro, do nosso verdadeiro Eu, ele não floresce, não se renova, não se transforma. A flor de plástico não é uma flor; ela apenas parece ser. O ego não é o nosso Eu; ele apenas parece ser.

Apesar de vivermos em uma sociedade plástica, em meio a afagos de plástico, quando encontramos o nosso Eu, nos libertamos dessa superficialidade e encontramos o verdadeiro significado da nossa existência, sem nos importarmos com as imposições e expectativas dos outros.

O ego só pode atuar enquanto estamos encarnados, vivendo uma experiência física. Quando desencarnamos essa personalidade psíquica, fica armazenada no nosso inconsciente coletivo, com uma coleção de egos, de personalidades que tivemos em todas as nossas existências anteriores. Esses egos pretéritos não morrem e carregam consigo todas as nossas experiências, dores, angústias, aprendizados e influenciam o nosso ego atual.

Podemos afirmar, então, que somos um complexo de personalidades que afloram de acordo com as experiências que vivenciamos na atualidade. Por isso, precisamos nos conscientizar da nossa condição interior, daquilo que habita a nossa profundeza, para que tenhamos o cuidado de não permitir que essas demandas pretéritas continuem influenciando a nossa existência atual de forma negativa (auto-obsessão).

Muitas das nossas quedas são consequência da interferência das tantas personalidades até então adormecidas dentro de nós. E, em consonância com elas, os espíritos desencarnados percebendo a nossa fragilidade e abertura em determinado ponto, podem aproveitar para nos influenciar e estimular decisões equivocadas que vão de encontro ao despertar dessas personalidades.

Sendo assim, temos a obrigação moral de nos melhorarmos a cada encarnação, pois na conta das nossas responsabilidades estão não só a nossa condição presente, mas também toda a nossa bagagem passada, que continua demandando educação e crescimento para o nosso aperfeiçoamento intelectual e moral.

É através da instrução, do mergulho no autoconhecimento que vamos conseguir identificar essas influências negativas e evitar que elas nos atinjam. É cuidando de nós mesmos, orando para obter a ajuda benéfica dos irmãos desencarnados, vigiando as demandas interiores que nos atormentam e tentações exteriores que tentam nos tirar do caminho que vamos conseguir desenvolver uma personalidade única, coesa e fiel ao nosso propósito de sermos melhores.

O ego adoecido, no entanto, não facilita em nada a nossa intenção evolutiva e acaba, muitas vezes, tornando-se o maior adversário do nosso progresso. Ele é imperioso, exerce sobre nós uma verdadeira ditadura e nos domina internamente. Ele nos impõe as suas paixões como sendo necessidades reais e nos desvia da conquista dos valores eternos para ficarmos presos aos valores terrenos.

Esse ego torna-se a primazia do Eu, dos interesses pessoais e imediatos em detrimento daqueles de natureza geral, de maior amplitude social e humana. É dele que deriva a palavra *egoísmo*, que significa o excesso de querer para si mesmo, o pensar que o mundo gira em torno do próprio desejo.

O egoísmo é o apego da alma ao bem próprio. Todos temos o dever de buscar o próprio bem, mas o egoísmo é quando essa busca transforma o próprio bem em um valor tão absoluto que precisa ser preservado e garantido, ainda que a custa do bem do outro.

A sociedade contaminada pelo egoísmo e pelos valores que ele prega vive em constante insegurança, em desconfiança mútua, em antagonismos, em corrupção. O egoísmo gera o despeito, a vingança, a discórdia, a acusação. O egoísmo altera inclusive a feição do nosso amor e nos transforma em verdadeiros narcisos.

O que mais chama atenção no mito de Narciso não é propriamente a sua vaidade, o encanto consigo mesmo, mas o querer transformar o outro em um espelho, em um instrumento que o sirva, que o reflita e através do qual ele possa buscar o próprio bem.

O egoísmo e o orgulho andam de mãos dadas. Na dinâmica do egoísmo e do orgulho a vida será sempre uma carreira em que vencerá o mais esperto, uma luta de interesses. Com eles nem sequer os sagrados laços da família merecem respeito, pois um ego adoecido é aquele desconectado da essência divina.

O ego doentio exalta-se através da imagem, do *status*, dos holofotes, dos aplausos, e esquece-se do conteúdo real, da finalidade existencial que é muito maior do que a transitoriedade da matéria. Ele se identifica com as coisas que parecem lhe pertencer. Ele se exalta através da aparência, quando no íntimo possui muitos conflitos. E na impossibilidade de apresentar valores mais profundos, parte para o campeonato da beleza física, por exemplo, e se escraviza com aquilo que o destaca e o torna falsamente forte e valoroso.

Tudo de bom que se recebe da vida na condição de empréstimo para o progresso (dinheiro, beleza, saúde, poder), que tende a insuflar os egos de quem os possui, também é de caráter provacional pelas facilidades que proporciona. O mau uso desses recursos compromete de forma grave e infeliz a evolução do espírito.

A beleza é uma concessão repleta de gravames, pois se não se apoia em elementos de cunho moral, torna-se uma perigosa armadilha para o espírito. Da mesma forma, o dinheiro, que pode favorecer a prática do bem, pode também empurrar o indivíduo aos escusos campos da desgraça moral. E a saúde, se não preservada, quando escasseia torna-se um grande tormento.

Tudo no mundo objetivo é ilusão. É a ilusão que se mantém em torno das posses que transforma em dor e angústia a realidade que se apresenta. Estimar as coisas sem supervalorizá-las, considerando que o tempo as modifica, as consome e as destrói, é sempre a melhor conduta. "Não acumulem para vocês tesouros na terra, onde a traça e a ferrugem destroem, e onde os ladrões arrombam e furtam" (Mateus 6:19).

O apego é fator de sofrimento humano. O problema não é a matéria. A matéria é divina, porque é também obra do Criador. O problema é o espírito que esquece o seu propósito de vida para viver exclusivamente da matéria, para a matéria. A matéria é o meio, é o instrumento para o nosso aperfeiçoamento, mas nós facilmente confundimos a finalidade com o meio. O cirurgião usa os instrumentos, mas não são os instrumentos que fazem a cirurgia. Ele aprende a usá-los e usa-os a seu favor.

Tudo que existe é para ser usado, bem usado. Atribuímos valor às coisas, mas este é um valor relativo que nada vai mudar a nossa vida. A ideia falsa em torno do prazer estimula a ambição pela posse. Não nos deixemos ser possuídos pela posse. O apego produz inveja, insegurança, sentimentos que causam sofrimento, que não preenchem o vazio existencial.

O portador de um ego acentuado sente muito a dor de uma perda. Ninguém é dono de nada que não daquilo que não pode lhe ser tomado ou destruído: honestidade, respeito, responsabilidade, cooperação, lealdade, disciplina... Esses são os valores que jamais se destruirão. O que se TEM transita por várias mãos, enquanto o que se É torna-se permanente.

Quando despertamos a nossa consciência, não temos mais a necessidade do apego. Quando somos conduzidos pela nossa consciência, o ego passa a ser o nosso servo e não o nosso senhor. A mente deve ser treinada para ser uma serva do coração. Devemos nos perguntar com frequência: essa necessidade é minha ou é do meu ego? Ela vai trazer algum benefício para o meu progresso ou somente para me satisfazer no momento presente? Qual é a intenção dessa atitude? Ela está em consonância com a minha caminhada evolutiva?

É muito importante que nos concentremos na busca de ocupar a nossa mente com aspectos positivos e altruístas. Que estejamos atentos a condicionar a nossa mente e a disciplinar a nossa vontade. Se não fizermos nada pelo nosso adiantamento, o nosso Eu vai tentar nos impulsionar de qualquer forma, mas será, muito provavelmente, através do sofrimento, através de situações que nos convidem mais veementemente a evoluir. "Se nós pudermos cooperar com o nosso adiantamento, a vida não exigirá dor". (Joanna De Angelis).

Se nós fizermos a nossa parte, nós anteciparemos e aliviaremos a nossa carga de sofrimento. Por isso, a mensagem é: vamos trabalhar a nossa mente! Vamos trabalhar para que ela tenha um funcionamento saudável e automatizado no bem. Nesse estágio vamos conseguir controlar mais a nossa máquina orgânica e as suas funções, mas também vamos conseguir acessar uma realidade mais sutil (menos grosseira) e nos centrarmos no nosso ser real e fundamental, que é o espírito.

A busca da consciência é inadiável. Se tivermos dificuldades de vigiar o ego, devemos recorrer à dádiva da oração e da caridade. A oração é a divina ponte que nos coloca em contato com Deus, por onde nos chegam as respostas. A caridade, que é o antidoto do egoísmo, ilumina o nosso espírito, o ser profundo que somos.

O verdadeiro centro é o nosso Eu, onde tudo ganha sentido, autenticidade, coerência e paz. Quando encontramos o nosso centro nos tornamos indivíduos, nos tornamos únicos. Um regozijo intenso nos invade a partir desse ponto. Passamos a ser livres dos condicionamentos viciosos, nos autorrealizamos, nos alimentamos de vibrações benéficas, passamos a vislumbrar paisagens mais enriquecedoras e passamos a ser o nosso próprio terapeuta.

Ser feliz é um direito inato de todos, e a superação do ego torna-se essencial para a felicidade.

"Ou tô no verão,
outono inverno."

*Rafaela Ferreira Cidade*

# 7. OS MISTÉRIOS DA VIDA

"Não há efeito sem causa.
Tudo que não é obra do homem, é obra de Deus."

*Allan Kardec*

O mistério da vida está relacionado ao inverno da nossa alma, quando em recolhimento, em reflexão (e às vezes até dormindo) nos deparamos com as nossas questões internas de maior complexidade. Acreditar que só existe aquilo que podemos ver com os olhos físicos é viver na ilusão. Existem muitas coisas além do que estamos experienciando, muitos movimentos que fogem da nossa compreensão, que não conseguimos explicar. Existem também muitas forças que nos movem e nos guiam que não conseguimos perceber. Aceitar a presença dessas forças nos faz ter a certeza de que não estamos sós.

O grande mistério da vida está tanto dentro como fora de nós. A parte interna é a espiritualidade, e a externa é o plano espiritual que nos rodeia. A espiritualidade, diferente do que muitos pensam, não está ligada a nenhuma religião, e sim à força divina que nos rege e que faz a nossa conexão com a existência. Já a ideia de plano espiritual, presente na doutrina espírita e em muitas outras religiões, é o mundo invisível, extrafísico, onde os espíritos não encarnados se encontram e detêm forte influência sobre nós encarnados.

Espiritualidade é quando nós acessamos a camada mais profunda do nosso ser, o lugar de simplesmente existir, e onde temos a oportunidade de identificar as nossas características essenciais e de trabalhar o nosso amadurecimento através do autoconhecimento. Trabalhar o autoconhecimento é quando muitas das nossas questões vêm à tona e conseguimos integrar a nossa parte que é sombra (vaidade, egoísmo, raiva...) com a nossa parte que é luz (bondade, sabedoria, positividade...) e entendemos (ou buscamos entender) quem realmente somos e como podemos nos tornar melhores.

O autoconhecimento nos leva também às reflexões de autocuidado (o cuidado com o meu corpo e espírito), autorrealização (o meu propósito e o sentido da vida) e autorresponsabilidade (a minha participação nas coisas que me acontecem). Aliar a análise dessas questões com a nossa capacidade de transformação é estar aberto a ser um espírito cada vez melhor. Quando entendemos que somos seres espirituais vivendo temporariamente uma experiência terrena, passamos a nos conhecer melhor e a entender melhor os nossos processos.

O autoconhecimento é um exercício fundamental para que possamos fazer as reformas íntimas necessárias. Nós precisamos fortalecer a nossa parte que é luz, mas principalmente iluminar a nossa parte que é sombra, construindo um refúgio íntimo que nos ajude a passar pelas provas terrenas. Precisamos construir uma realidade interna que transborde ao nosso redor e nos proteja para não sermos esmagados pela dura realidade externa.

O mistério da vida não é algo grandioso, de difícil acesso; ele está depositado nas circunstâncias mais simples e corriqueiras do dia a dia, e é justamente nessas situações do cotidiano que as providências necessárias para o nosso crescimento são articuladas. É na simplicidade que a vida se desenrola, nas experiências aparentemente insignificantes que se encontram as ações mais sábias de Deus. O nosso cotidiano está preenchido de Deus e nós só precisamos ultrapassar as barreiras da materialidade para acessá-lo. Quando ultrapassamos as barreirais da matéria e mergulhamos com presença no nosso cotidiano, encontramos a espiritualidade, encontramos Deus onde menos esperamos.

A espiritualidade confere sentido à nossa vida. Ela é o eixo que sustenta cada ser humano e o faz relacionar-se consigo mesmo, com o outro, com a natureza, com o universo e com Deus. Este eixo é que estabelece a conexão do nosso espírito encarnado com o plano espiritual que nos cerca de diferentes formas.

A abordagem espiritual que vai ressoar com o nosso espírito depende da faixa vibracional na qual ele está inserido. A nossa energia diz sempre a verdade a nosso respeito, por isso precisamos estar sempre atentos e vigilantes, pois são essas energias que atrairão as companhias (boas ou más) que vão nos apoiar ou pesar na nossa caminhada.

É importante salientar que, assim como na matéria, no plano espiritual também existem os espíritos bons e os maus. Quem seleciona o tipo de espírito que irá se aproximar de nós são os nossos pensamentos e o nosso campo vibracional/energético. Perguntar-se com frequência: "O que eu estou pensando agora, me aproxima ou me afasta de Deus?" ou "Eu poderia compartilhar este pensamento com outras pessoas?", são exercícios que podemos fazer para sabermos com que tipo de espírito/energia estamos nos conectando.

O fio invisível que nos liga ao bem ou ao mal parte de nós mesmos, das nossas preferências no mercado gratuito e abundante das ideias ao escolhermos aquilo que mais nos nutre e mais se assemelha conosco por ora. Como disse o espírito benfeitor Emmanuel: "O Estado de espírito é um mercado onde cada um busca os frutos da sua preferência". São muitas as sugestões mentais que nos alcançam e é da alçada de cada espírito escolher qual faixa ele vai buscar preferencialmente.

Não podemos esquecer que, apesar de incontestável e multiforme, o auxílio divino nos alcança sempre no limite que respeite a nossa integridade e a nossa capacidade de escolha para não desvalorizar as nossas iniciativas (livre-arbítrio). Ficamos, assim, entregues à nossa própria liberdade e responsabilidade dos nossos atos, livres para agir, mas escravos de suas consequências.

O plano espiritual deseja e acredita que tenhamos a capacidade de superarmos a nós mesmos, de mobilizarmos a nossa força interior para ampliar a nossa compreensão da vida através das circunstâncias que nos convidam a desabrochar e passar, assim, para os próximos ciclos, para as próximas estações.

Os nossos amigos espirituais, anjos guardiões, mentores e todos aqueles que, por alguma afinidade, se interessam por nós, depositam em nós não exigências e expectativas, mas a esperança de um melhor aproveitamento das oportunidades que nos são conferidas diariamente. Eles torcem por nós, vibram por nós, sofrem conosco e comemoram os nossos êxitos.

Todos os dias somos assaltados, somos atraídos por infinitas espécies de ligações mentais tanto do plano espiritual, quanto do plano material. Precisamos estabelecer, então, filtros para escolher adequadamente as tomadas com as quais iremos nos conectar. Se tivermos disciplina do nosso pensamento e estivermos em sintonia com o bem, teremos a lucidez, o equilíbrio e a intuição para operar na Terra com melhor aproveitamento e efetividade.

No entanto, apesar do nosso livre-arbítrio, da nossa inconsciência, das nossas tantas distrações e escolhas equivocadas, quando mais precisamos, quando sucumbimos ou estremecemos, a interseção divina nunca nos desampara e nos lembra que nunca estamos apartados de Deus. Cada ser é acalentado no degrau da vida em que se encontra. O amor de Deus é a silenciosa esperança do céu aguardando a nossa evolução e respeitando a decisão das nossas consciências.

Deus não está somente na primavera e no verão, quando conseguimos percebê-lo mais facilmente. Ele está também no outono e no inverno da nossa alma, nos momentos de felicidade e de tristeza. Há momentos na vida que são tão bons que conseguimos identificá-lo em tudo e em todos, mas há outros momentos que são tão difíceis que não conseguimos identificar a Sua presença, mas Ele está lá.

Quando nós caminhamos com a certeza de que não estamos sozinhos, de que estamos protegidos e amparados a todo instante por um plano maior, trazemos confiança e leveza a cada passo. Esse entendimento nos proporciona um nível tão grande de paz, de tranquilidade, que deixamos a nossa vida fluir no seu curso natural. Isso não significa ficar sentado esperando que as coisas aconteçam; não, significa estar em sintonia com a existência e se entregar ao maravilhoso mistério que a permeia.

Alcançar a espiritualidade diz muito mais sobre o nosso esforço de sermos cada vez melhores do que o fato de nos dizermos religiosos. Alcançar a espiritualidade não nos garante imunidade ou santidade. O objetivo desse encontro é nos tornarmos pessoas/espíritos melhores para conosco e para com o todo. Alcançar a espiritualidade nos garante uma boa dose de felicidade. A felicidade está diretamente ligada à espiritualidade, ao propósito e sentido da vida, ao plano geral da existência, que quer fazer acontecer, que quer dar certo. Sem espiritualidade a vida perde o significado. Quando nós encontramos o significado da nossa vida, nós adentramos no caminho da espiritualidade e começamos a nos conectar também com a espiritualidade dos outros. Tornamo-nos sensíveis e empáticos.

Ir ao encontro da espiritualidade é tomar a decisão de ser feliz.

# 8. A FÉ

"A fé é um salto no escuro para os braços de Deus. Quem não tem fé, não salta nem abraça; fica no escuro."

*Khalil Gibran*

A fé é a força que nos move. É o fio que nos conduz ao invisível. É a bússola que nos mostra o caminho. É a certeza da realização, de que tudo está no seu devido lugar, no seu tempo. A fé é onde o coração repousa tranquilo.

A fé, no entanto, não pode ser considerada apenas uma transferência de responsabilidade, uma espera da atuação e interferência do alto ou o simples cumprimento de determinados sacramentos. Não podemos transferir ao divino os trabalhos e esforços que dependem de nós. Precisamos ir além desse conceito secular e buscar a fé inabalável, capaz de enfrentar a razão frente a frente, e a fé raciocinada, capaz de se consolidar pelo caminho do raciocínio, da reflexão e, acima de tudo, da compreensão das leis que regem a vida.

O acesso à nossa espiritualidade nos capacita a ter a nossa própria experiência de fé. A fé vai muito além das palavras, muito além de uma doutrina, de uma religião. A religião é a experiência de fé de outra pessoa; a espiritualidade é a nossa própria experiência. A nossa fé não pode estar apoiada na fé de outrem, porque deve ter origem no coração. A fé é o que nos completa, que nos traz paz, aconchego, consolo. Tudo que nos limita, nos controla. Por isso precisamos encontrar na espiritualidade aquilo que realmente faz sentido para nós.

A igreja que vai impactar o mundo não é a que nós estamos frequentando, é a que nós estamos sendo. Essa é a verdadeira religião. Exercer a fé através de ritos não nos torna verdadeiros cristãos. O verdadeiro cristão tem como compromisso o seu padrão moral, e não a igreja que ele frequenta. O verdadeiro cristão tem valores morais como essência e não como acessórios. Essa é a real finalidade da religião: desenvolver a vontade firme de transformar o nosso padrão moral baseado nas leis do Cristo da Terra, Jesus. De nada adianta ser um bom pregador e um mal servidor. De nada adianta adorar o mensageiro e não viver a mensagem. "Suas crenças não fazem de você uma pessoa melhor; suas atitudes sim" (Chico Xavier).

A fé é, na verdade, uma relação quando a parcela humana de esforço, de sinceridade, de dedicação e empenho, encontra a parcela divina que é a fonte de todos os recursos e nunca falta na criação. A fé é a comunhão desses dois ingredientes fundamentais quando nós contamos com Deus, mas Deus também pode contar conosco. E quando essa relação é sólida, é fiel, baseada em confiança e entrega, os frutos só podem ser os melhores possíveis.

Ter fé, então, é mover-se, é alinhar-se ao amparo divino, é realizar as tarefas que nos cabem com a certeza de que estamos no caminho da nossa evolução. Ter fé é constantemente se perguntar *para que?* e não *por quê?*. Para que eu estou passando por esta situação? O que esta situação tem para me ensinar? O *para que* nos expande, o *por quê* nos limita.

Se pararmos para analisar as nossas ações do dia a dia, a grande maioria delas parte de um princípio de confiança. Nós não fazemos quase nada sem o patrocínio da fé. Quando entramos no carro, confiamos que ele vai nos levar com segurança. Quando comemos em um restaurante, confiamos que os alimentos são de boa qualidade. Quando precisamos de uma cirurgia, confiamos nas mãos dos médicos. Quando pegamos um voo, confiamos na competência do piloto, e assim por diante. Passamos o dia confiando. A fé humana faz parte da nossa natureza, da nossa essência, porque somos seres que se relacionam e dependem uns dos outros.

Assim deve ser também a nossa relação com o divino. Todos os dias Deus manda uma lição para nos ensinar, para nos polir, e nós só precisamos aceitar e confiar. A fé não garante imunidade. A criatura que é resignada passa mais rápido pelas experiências, por não oferecer resistência, por não duvidar do amparo celestial. Ela aprende a confiar e se entrega e aceita os desígnios enviados por Deus. Ela deixa que a vida seja. Ela sabe que vai sofrer, mas sabe também que a dor tem prazo de validade. Ela sabe que vai experimentar a dor, mas sabe também que nunca lhe faltará consolação. A falta de fé tira a esperança, a segurança no futuro e a temperança das criaturas. Se não há Deus, não há regras, não há limites para as suas ações, e elas passam a afrontar Deus, criando uma conduta contrária à que Ele propõe e uma atmosfera que é o oposto de evolução. Há pessoas que só *descobrem* Deus na UTI. E tudo bem. Há momentos na vida que nem a razão nem a ciência vão conseguir nos responder e nos ajudar. Cada um tem o momento de despertar a sua fé divina. Nunca é tarde para nos conectarmos e nos relacionarmos com Deus. O mais importante não é apenas crer no amparo divido, mas mover-se no sentido de alinhar-se a esse amparo, de manifestar com potência a força soberana da vontade, do imenso querer. Não existe milagre; o que existe é o efeito do que nós queremos, do que nós pensamos e da certeza da sua realização. Fé é estar 100% nas mãos de Deus.

Se a fé é uma relação de fidelidade, entre a criatura e o seu Criador de confiança, de entrega, não pode faltar também comunicação entre eles. E esta comunicação da fé se dá através da prece, da oração.

A orAÇÃO é a fé em ação, em movimento. É o combustível, é a fonte de energia, é a máxima abertura e fortalecimento da alma, quando ela cria um vínculo profundo com Deus por vias do sentimento sincero e humilde. É quando ela se aproxima do Criador e se abastece da Sua luz.

A prece é o recurso fundamental da fé para lidarmos com as circunstâncias que se apresentam na nossa vida e encontrarmos a paz, o equilíbrio e a harmonia de que tanto necessitamos nos desafios terrenos. Ela é recorrida, na maioria das vezes, em momentos de profunda aflição, quando já não encontramos na nossa autossuficiência outras formas de resolvermos os nossos problemas. No entanto, a prece deve fazer parte da nossa rotina e ser aplicada nos momentos de tristeza e nos momentos de alegria, nos momentos de apuro e nos momentos de calmaria. Orar é conversar com Deus com presença e lembrar que Ele está sempre ali por nós. Seja para agradecer a oportunidade de mais um dia que começa (começar o dia em oração cria uma atmosfera benéfica que tende a iluminar o dia todo), para agradecer o final de mais um dia de vida ao lado dos nossos com saúde, com amor, com segurança, ou para pedir inspiração com vista a ultrapassar as difíceis provas da vida.

Sendo a oração uma ferramenta da fé, para que a interseção divina aconteça, ela precisa ter origem no coração, estar edificada na força potente do bem-querer e fundamentada na comunhão com Deus. Por isso, a chamada oração *Doril*, que é recorrida quando a dor já está instaurada no desejo de atingir o objetivo "Tomou Doril, a dor sumiu", só pode ser considerada e efetiva quando de fato a comunhão existe, quando de fato ela parte do coração e não de uma exigência vazia e incrédula. Muitas vezes, distraídos do trabalho que nos compete, justificando a nossa postura de inércia, transferimos a responsabilidade das coisas que nos acontecem (ou não nos acontecem) ao alto, dizendo "era a vontade de Deus", "Deus quis assim".

Precisamos com frequência lembrar que o tempo de Deus não é o tempo do homem e que, muitas vezes, a nossa pressa, a nossa impaciência para resolver as nossas questões nos fazem desacreditar do poder da oração, por não sermos atendidos no momento esperado. Precisamos viver em paz com o tempo. Viver em paz com o momento. Tudo tem a sua hora. Às vezes o que chamamos de atraso, Deus chama de preparo.

Enquanto não pararmos de tentar parar o incontrolável, estaremos sofrendo. A paz nasce quando aceitamos as coisas com resignação e paramos de brigar com a vida querendo impor aquilo que julgamos ser melhor. Toda vez que tentarmos violentar o tempo, haverá uma repercussão negativa por não estarmos preparados, maduros o suficiente. "O tempo destrói tudo aquilo que ele não ajudou a construir" (Emmanuel). Quando estamos prontos, Deus nos oferece aquilo que precisamos. Nós não aprendemos quando pulamos etapas, quando desrespeitamos o ciclo das coisas. Às vezes é necessário que o mal chegue ao extremo para que nós sintamos a necessidade do bem e das reformas.

Quando abrimos o nosso coração e nos entregamos ao mistério da vida, nos permitimos ser conduzidos pela fé, não pela certeza de que tudo vai dar certo, mas pela certeza de que tudo já deu certo, de que tudo está caminhando no seu ritmo perfeito, no tempo que não é o nosso, mas no tempo de Deus. Quando nos entregamos a essa força misteriosa, permitimos que a mágica aconteça através de nós mesmos.

# 9. INSPIRAÇÃO E INTUIÇÃO

"Existe uma voz que não usa palavras. Escute."

*Rumi*

Quando manifestamos a nossa fé, oramos e silenciamos, e permitimo-nos ouvir a voz baixinha de Deus. A voz que está em constante comunicação conosco e que raramente conseguimos ouvir.

A inspiração tem a sua origem fora de nós (interferência do além), já a intuição tem origem dentro (vem de dentro para fora). Quando nós recebemos uma inspiração, nós a manifestamos através da nossa intuição. A intuição não é um poder paranormal ou mediúnico como muitos pensam; todos nós somos portadores do poder da intuição, mas ela só consegue se estabelecer com presença, com conexão, com silêncio e com serenidade. Uma mente atordoada não tem espaço para a intuição.

Tanto a inspiração quanto a intuição são fluídicas (não palpáveis). A inspiração vem como auxílio do alto e usa uma linguagem que vai ao encontro daquilo que nós já temos armazenado, do conteúdo que adquirimos nesta e em todas as nossas outras existências. Nós carregamos um acúmulo de capacidades de vidas passadas e quando uma inspiração reage com essa bagagem se dá a intuição.

A inspiração nada mais é do que as palavras do alto que finalmente chegam ao nosso coração; é um intercâmbio entre o invisível e o visível. A inspiração acontece sempre através do sentimento e nunca da razão. Ela pode acontecer através de uma ideia, de uma mensagem, de uma palavra de alguém que cruza o nosso caminho na hora certa, de uma música que toca o nosso coração, etc.

Isso não significa romantizar e espiritualizar tudo que nos acontece. Algumas pessoas tendem a ficar paranoicas tentando entender o significado de tudo que acontece e se esquecem de simplesmente viver. Sim, a vida tem muitas formas de se comunicar conosco, mas nem todas elas farão sentido para nós. O importante é nos mantermos vulneráveis para entendermos o que é fato e o que é inspiração.

Quando oramos e nos conectamos com a força divina, abrimos uma porta para a inspiração entrar, mas precisamos estar atentos e abertos para compreender os seus sinais quando eles chegarem. E eles raramente chegarão quando estivermos pensando neles. Eles se apresentarão das formas mais aleatórias, quando e de onde menos esperarmos.

O mundo espiritual está constantemente tentando se comunicar conosco de diferentes formas, mas andamos tão distraídos, absorvidos na rotina, desenergizados e desconectados de nós mesmos que perdemos muitas oportunidades de fazermos melhores escolhas e, até mesmo, encontrar o nosso verdadeiro caminho. Somente na serenidade conseguimos ouvir os conselhos do mundo espiritual e perceber a intersecção de Deus na nossa vida.

Deus se comunica conosco pela linguagem do silêncio, por isso a importância de encontrarmos momentos de recolhimento na nossa rotina, para que possamos treinar a nossa acústica espiritual e deixar as inspirações nos alcançarem com mais facilidade. É preciso silêncio para aprofundar a nossa relação com Deus, não só das palavras, mas principalmente das nossas emoções. Deus não concorre com as vaidades da criatura. Precisamos criar uma ambiência mental e silenciar os nossos vícios, as nossas paixões, os nossos impulsos, os sentidos grosseiros da matéria para ouvir a voz mensageira dos benfeitores espirituais.

Uma mente inquieta perde a capacidade de escutar, porque as ilusões têm a capacidade de sequestrar a nossa inteligência e discernimento. Mas quando nós agimos de forma serena, plácida e inspirada, agimos de acordo com a força que habita dentro de nós, e uma luz se acende a nossa frente. Quando a inspiração se instala, as coisas fluem e tudo conspira à sua realização. Isso não significa que não haverá dificuldades, mas quando a mensagem for divina, a pessoa inspirada ganhará também força e equilíbrio para seguir no caminho certo.

Todos os dias a nossa babá espiritual (anjo da guarda), que tem um compromisso conosco por laços de amor, implora para nos ajudar, para nos dar conselhos e guiar o nosso caminho, mas a nossa dureza e as nossas camadas de autoproteção muitas vezes não nos permitem receber a orientação mais adequada.

A inspiração funciona como um GPS. A vida calcula a melhor rota para que cheguemos com êxito ao nosso destino; algumas vezes, no entanto, por falta de atenção, por querer cortar caminho, por achar que sabemos mais, acabamos mudando a rota e nos desviamos do plano original. A vida, que é sábia, recalcula a nossa rota mesmo por estradas mais difíceis e mais longas e ainda, sim, nunca desiste de nos colocar de volta ao caminho.

Mas muita atenção: a inspiração pode vir do bem ou do mal, dependendo da frequência com a qual estamos em sintonia. São muitas as tendências que insistem em nos conduzir ao mal, mas em prece, em conexão, nós conseguimos anular as tendências negativas e sintonizar apenas com o bem, que também deseja nos inspirar a todo instante. Para sabermos se a inspiração é do bem ou do mal, precisamos estabelecer um filtro de Jesus como modelo e guia. O nosso coração sabe o que é bom para nós, sabe o que é certo e o que é errado.

# 10. O PENSAMENTO

"Tudo o que somos é o resultado do que pensamos.
O poder está em nossas mãos para criarmos o que quisermos."

*Louise Hay*

Se a vida interior é cíclica é porque os nossos pensamentos estão em constante movimento, em constante oscilação. O pensamento é o composto de todas as nossas ideias, conceitos, crenças, mas também de todas as nossas emoções. Por isso, o pensamento não pode ser considerado apenas uma elaboração do intelecto ou fruto da inteligência. O conteúdo emocional, associado à nossa bagagem intelectual, dão o tom do nosso pensamento. A característica fundamental do pensamento é a sua força criadora. Tudo que um dia foi criado existiu antes no pensamento de alguém. Se pensamos, estamos imediatamente criando. O pensamento define a vida que encontramos dentro e fora de nós. Ele rege a nossa vida. Não conseguiremos avançar se não dermos ao pensamento a sua devida importância e o quanto ele impacta na nossa vida.

A vida é marcada por inúmeras influências que, embora escapem dos nossos sentidos físicos, têm enorme impacto em nossa caminhada, sobretudo no nosso pensamento. Como espíritos, nós influenciamos os outros não só pelo que falamos e fazemos, mas pelo que sentimos e pensamos. Somos seres cuja influência transborda para além do invólucro.

O pensamento é uma energia magnética (força de atração e repulsão) e, como seres espirituais que irradiam, estamos a todo instante interagindo com as infinitas mentes que nos cercam, tanto no plano material, como no plano espiritual (todos somos dotados dessa sensibilidade). Essas ondas mentais se vinculam umas às outras pela atração dos pensamentos afins (Wi-Fi neural). Por isso, estamos a todo instante trocando ideias e pensamentos que nos influenciam mutuamente, e o teor dessas influências vai estar muito relacionado ao teor dos pensamentos que nós estamos cultivando.

O pensamento tem idioma universal. Muitos dos pensamentos/ideias que nos encontram ressoam com as nossas tendências (desta ou de outras vidas) já existentes e faixas mentais nas quais estamos vibrando. Nesse encontro mental é onde acontece a troca de ideias (sementes) que vão se materializar/frutificar de acordo com sua natureza. Quando sementes de espinheiro se encontram, vão produzir espinhos, quando sementes de videira se encontram, vão produzir uvas, e assim por diante. Cada um atrai, produz e colhe de acordo com a semente/natureza do seu pensamento.

Podemos concluir então que temos uma multidão de pessoas dentro de nós. Uma mistura de pensamentos e ideias exteriores que se conectam com aquilo que é o objeto da nossa atenção. Por isso a importância de protegermos a nossa casa mental. O homem atento adota a sabedoria nas suas escolhas, cultiva bons pensamentos e, assim, protege a sua casa para não perder os seus bens mais preciosos (paz, equilíbrio, lucidez, autocontrole...).

"A mente é o espelho da vida em toda parte" (Emmanuel). Isso significa que nós construímos a nossa vida pelo reflexo de nós mesmos. Quanto mais nós apontarmos o espelho da nossa mente (através de pensamentos, posturas e condutas) para aquilo que represente, que reflita a luz divina, por exemplo, mais nós estaremos impregnados de Deus e o refletiremos na vida que nos cerca. Ou seja, mais a nossa casa mental estará protegida e amparada para edificarmos a vida que desejamos viver.

Já entendemos então que aquilo que ocupa a nossa mente é o que nós vamos encontrar vida afora pela própria projeção de nós mesmos a partir do que cultivamos internamente. Mas para que haja uma efetiva transformação benéfica do nosso padrão de pensamento e, assim, a modificação do reflexo externo, é preciso que a vontade de sermos cada vez melhores tome posse no plano mental.

A vontade é o degrau inicial, é a potência soberana da alma para que haja a repercussão de uma nova conduta no sentido da nossa evolução. É ela que move todas as nossas outras potências, que gere, que coordena a nossa mente. Sem vontade não há de fato renovação mental, renovação de pensamento e, consequentemente, não há transformação. Compete à vontade direcionar, orientar e controlar as forças da nossa alma para o bem, orientando-as e canalizando-as para que atendam ao nosso progresso.

É a vontade que deve estar fortalecida para manter o desejo, a inteligência, a imaginação e a memória disciplinados. Quando a vontade não cumpre a sua tarefa de potência máxima por encontrar-se fragilizada pela nossa negligência, pela nossa imprevidência, pela nossa indisposição e rebeldia, as nossas outras potências tomam as rédeas da mente e, impulsionadas pelas paixões, pelos interesses pessoais, pelos excessos e pelos impulsos, cometem deslizes que podem comprometer e prolongar o nosso processo de crescimento. "Quantos anos para reparar alguns segundos?" (André Luiz).

Precisamos ser mais condutores e menos conduzidos. Precisamos aprender a controlar o nosso pensamento diante daquilo que nos acontece para mantermos um pensamento e uma conduta firmes e não tão variáveis. Precisamos então exercitar a nossa profunda capacidade de pensar sobre os nossos pensamentos e adestrá-los de maneira a controlar o nosso próprio sistema, a nossa própria realidade.

Precisamos aperfeiçoar a nossa vontade para que ela se alinhe à vontade divina e nos impulsione para a evolução. Precisamos nos alimentar de pensamentos nobres para que tudo que não ressoe com a nossa vibração seja desviado da nossa rota. Quanto mais nos alimentarmos de pensamentos e atitudes positivas, mais ensinaremos o nosso cérebro a agir nesse padrão vibratório (retroalimentação) e mais conexões iluminadas traremos para perto de nós.

Precisamos aprender a não sucumbir à influência do meio ao qual estamos todos expostos, pois, ao contrário, as aflições, inquietações, tensões do dia a dia, apegos da vida material serão os alimentos negativos que abafarão as nossas virtudes e acabarão atraindo cada vez mais mentes desequilibradas que vão potencializar as atitudes de agressividade, impulsividade e ansiedade para os nossos dias. Não podemos fugir da lei das trocas mentais, mas podemos definir a qualidade dessas trocas. Somente a vontade fortalecida e a postos é capaz de fazer boas trocas.

Que tipo de interação mental nós temos gerado? Que tipo de interação mental nós temos buscado? Quando nos conscientizamos da lei das trocas, podemos mudar a natureza da influência que geramos e com a qual nos vinculamos. Influenciar beneficamente o maior número de almas é caminhar com sabedoria rumo ao progresso.

A nossa consciência é o registro da direção divina, é o santuário onde a lei de Deus atua e nos orienta sobre como proceder. Quanto mais nos tornarmos conscientes do que somos, do chamado da vida, da importância de fazer valer essa oportunidade, mais nos fortaleceremos e sentiremos o poder verdadeiro da vontade crescer em nós e suplantar todas as resistências que encontrarmos no caminho.

Quando temos os nossos pensamentos sob a guarda das almas amigas, por maior que seja o obstáculo, por maior que seja a dor, sempre encontraremos uma nova e positiva forma de superá-los.

# 11. A REFORMA ÍNTIMA

"Crê em ti mesmo, age e verás os resultados. Quando te esforças, a vida também se esforça para te ajudar."

*Chico Xavier*

A reforma íntima pode ser comparada ao outono da nossa alma, quando nós adquirimos a capacidade de processar as experiências já vividas e selecionar o mais belo, o mais produtivo para gerar novos e bons frutos. Quando nós abandonamos o passado e escolhemos só o que é mais importante e significativo para a nossa caminhada. Como no final de um dia quando tomamos um banho e nos renovamos, limpamos os excessos, as impurezas e elementos negativos que debilitam o nosso futuro promissor.

Podemos também comparar a reforma íntima à reforma de uma casa. Vivendo na matéria já reconhecemos o valor da nossa casa e o que ela nos proporciona: repouso, proteção, aconchego, segurança... A nossa casa física já nos traz todos esses sentimentos de paz e de amparo, por isso, ao fazermos essa comparação, conseguimos perceber a importância do cuidado especial que devemos ter também com a nossa outra casa, a casa eterna e intransferível onde realmente habita cada um de nós: a casa mental.

Se reformamos a nossa casa física para nos protegermos das intempéries e torná-la cada vez mais segura e confortável, é imprescindível reformar também a nossa casa mental, a nossa casa espiritual para que estejamos igualmente protegidos das tempestades morais que nos envolvem ao longo da vida.

Toda reforma/obra material gera incômodo, desconforto, bagunça, impaciência, mas, embora muito desafiadora, é muito menos complexa do que a reforma íntima. A reforma íntima é como reformar uma casa morando nela, precisando dela. Se a obra não for bem conduzida, com calma, com paciência, a pessoa vai se desesperar durante o processo e muitas vezes vai se questionar e pensar em desistir.

A reforma íntima diz respeito ao âmago do ser, ao reconhecimento do estado da nossa casa mental e daquilo que podemos fazer para melhorá-la. Para que nós possamos fazer a nossa reforma íntima, para que nós possamos mudar, nós precisamos ter a compreensão e a humildade de que nós precisamos ser melhores. Nós não conseguimos melhorar algo que nós não sabemos que precisamos melhorar. Precisamos identificar, assumir e aceitar as nossas imperfeições, as nossas sombras. Não há como progredir sem autoanálise, sem autocrítica. Nós precisamos olhar para nós mesmos e reconhecer o tamanho que nós somos.

A nossa vida é o meio do nosso aperfeiçoamento. Nós não podemos parar a nossa vida, abandonar o nosso espaço, o nosso ambiente de casa e de trabalho para nos tornarmos melhores. É nesses ambientes que fomos plantados que temos a oportunidade de florescer e de fazermos a nossa reforma. Não podemos esperar que nos tornemos melhores para depois cumprirmos as nossas obrigações, pois é trabalhando, é fazendo que vamos nos tornando cada vez melhores.

A casa edificada sobre a areia não resiste aos ventos que sopram, aos rios que correm, às chuvas que caem, mas aquela edificada sobre a rocha, sólida em seus alicerces, mantém-se firme seja qual for a conjuntura das provas morais pelas quais passe a criatura.

Quem terá de assumir a obra e colocar tijolo por tijolo somos nós mesmos, unindo-os com o cimento da fé, da esperança, do amor, da caridade, e garantindo, assim, a solidez de que tanto precisamos perante os dias de tormenta.

Reformar a nossa casa mental, tornando-a uma habitação mais agradável, mais resistente, mais protetiva, é também reformar e redefinir o nosso próprio destino. As obras que realizamos na nossa casa, definirão o que encontraremos vida afora. Mas por onde devemos começar? A reforma íntima começa com a nossa verdadeira vontade de mudança, somada a três elementos indispensáveis: disciplina, disciplina e disciplina.

Já vimos anteriormente que a vontade é a potência soberana da nossa alma e que ela é o grande motor da nossa transformação. Por isso, para uma mudança efetiva de atitude é preciso ir além do desejo e exercitar a plena vontade. Ninguém evolui sem esforço, sem repetição, sem treino para vencer as imperfeições. É importante começar aos poucos para *ganhar musculatura* e criar o hábito de novos padrões.

A falta de vontade é o estacionamento evolutivo. Se ainda não adquirimos a bênção da espontaneidade sobre a nossa vontade de sermos melhores, devemos ter pelo menos a disciplina a nos conduzir. E através da nossa disciplina e esforço vamos aos poucos reformando a nossa casa mental e nos aperfeiçoando. Precisamos disciplinar a nossa mente para que os nossos pensamentos sejam bons o suficiente para que consigamos ter uma efetiva mudança de vida.

A disciplina é a expressão da vontade. É ela que transforma a vontade em realidade. Ao contrário do que muitos pensam, a disciplina não é algo que nos limita, que nos tolhe a ação, mas um processo de tomada de consciência, quando nós entendemos o que nos faz bem, o que nos convém, o que beneficia a nós e ao outro e passamos a pautar a nossa conduta a partir dessas constatações. "A disciplina não são as grades. A disciplina é a chave da porta" (Chico Xavier).

Na reforma íntima precisamos construir novos hábitos. E para construirmos um novo hábito nós precisamos de um processo, da repetição, da constância do hábito através da disciplina, até o ponto em que ele se consolide em nós, se torne natural, espontâneo e não mais uma obrigação. Neste ponto ele se torna uma virtude. "A disciplina antecede a espontaneidade" (Emmanuel). A disciplina leva ao hábito. O hábito leva à excelência. A excelência nos leva aos lugares que tanto almejamos alcançar.

Mas precisamos estar sempre vigilantes, pois o mau hábito que passa pelo mesmo processo de repetição, e se instala e se torna um vício, depois de consolidado, é muito mais difícil de suplantá-lo.

À medida que vamos desenvolvendo novos e bons hábitos e que eles se tornam naturais na nossa caminhada, vamos descobrindo alegrias e prazeres mais verdadeiros e duradouros, diferentes dos que buscávamos antes somente na matéria. A vida renovada desperta para a alegria de desafiar, de vencer a nós mesmos e estabelecer novos alvos.

Quando nós adotamos uma postura mais consciente, passamos a pensar nas consequências dos nossos atos para conosco, para com os outros e para com o mundo, e a lidar com as circunstâncias sem que elas nos governem. Quando nós governamos a nossa vida interior através da consciência e da disciplina, nós passamos a governar também a vida exterior. Quando nós vencemos a nós mesmos, passamos a vencer todos os desafios que o mundo exterior nos apresenta. Tornamo-nos, assim, os senhores do nosso destino e vencemos o mundo (e não no mundo).

Para uma reforma bem-sucedida, precisamos abandonar as velhas estacas do egoísmo, do orgulho, da vaidade, do preconceito, da inveja, que já não servem mais, e substituí-las pelas pilastras fortes do amor, da compaixão, do bem, da caridade, da tolerância, da resignação, realmente capazes de manter-nos firmes diante das tempestades.

É curioso pensar que, dentre todas as profissões, Jesus escolheu a de carpinteiro. O divino carpinteiro veio nos ensinar a erguer as nossas verdadeiras casas, as casas espirituais, em bases sólidas, e nos dar os alicerces e todo material necessário para que cada um de nós seja capaz de construir a sua própria morada.

A lição de Jesus não é apenas uma carícia embaladora como chamou Emmanuel, mas uma convocação à reforma diária em nós mesmos, começando pelas pequenas coisas do dia a dia. O importante é que o progresso, ainda que pequeno, seja constante.

A obra apenas de fachada e até mesmo os mármores não serão suficientes para nos oferecer o abrigo quando o temporal da dor e da angústia se instalarem no nosso coração. Estes podem nos proteger do inverno exterior, mas nunca do inverno interior da nossa alma.

As pessoas pintam e renovam a casa por fora e esperam ansiosas pelo aplauso do mundo ao seu redor, e esquecem que construir sobre as bases ocas da ilusão é desmoronar no primeiro vendaval.

A lei do progresso atua com ou sem a nossa permissão. Se não partir da nossa própria iniciativa, a vida vai entrar em ação e dar o empurrão necessário. É preciso muitas vezes que a vida venha abalar os nossos alicerces para que possamos despertar e entender a urgência da reforma. Quando a nossa casa balança e está prestes a cair, é a vida nos sacudindo, nos lembrando que os nossos alicerces estão fragilizados. O que não podemos mudar (intempéries) é um convite à nossa própria mudança, à nossa própria reforma.

Precisamos entender que vivemos em um mundo em que provas, expiações e pessoas em diferentes níveis evolutivos estarão sempre presentes na nossa jornada. Esses são os nossos maiores desafios. Vivemos em um mundo de contrastes, onde a beleza e a bondade se misturam com a violência e a crueldade humana. Precisamos de estratégias para viver nesse ambiente tão inóspito no qual nos encontramos. Precisamos fazer a nossa parte e jamais permitir que a maldade, que a intolerância e preconceito do outro abafe a nossa capacidade de dar o nosso contributo, de praticar o bem e ser exemplo nas pequenas coisas.

Precisamos de casas mentais tão sólidas que ultrapassem o conceito de bom ou ruim, bem ou mal. Precisamos decidir agora entre o bom e o ótimo, entre o bem e o melhor. Já não basta ser apenas bom; é preciso ir além, buscar mais graduações na escalada da vida.

Quando achamos que a nossa casa está pronta, a vida vem e nos lembra que ainda temos muito a fazer. Há sempre uma lâmpada para trocar, uma grama para molhar, um vidro para lavar, um muro para levantar. Não podemos cair na estagnação espiritual e pararmos na criação. Não podemos perder tempo com culpa, nem com desculpa; ao contrário, precisamos usar os nossos defeitos para potencializar as nossas virtudes. Apesar de a reforma intima não estar circunscrita no tempo e ir além do último suspiro, o tempo na matéria é precioso demais para ser desperdiçado.

Precisamos parar de desperdiçar o tempo que achamos não ter.

"Primeiro verá e viverá aquele que no inverno viver o verão."

*Rafaela Ferreira Cidade*

## 12. MORTE E IMORTALIDADE

"Somente aquilo que a morte não pode levar é real. Tudo o mais é irreal; é feito da mesma substância que os sonhos."

*Osho*

A morte é o inverno da alma. É quando chega a noite e o tão merecido descanso. É quando a consciência alça o seu mais alto e misterioso voo e finalmente se desprende do corpo físico. É quando relaxamos no nosso ser, mergulhamos no invisível e encontramos a paz.

A morte é um assunto pouco abordado, pouco pensado no dia a dia, por razões óbvias: ninguém quer falar de algo tão temido, tão mórbido, tão sofrido e tão *distante*. As pessoas em geral adoram falar sobre tragédias, assistir a filmes de terror e noticiários sangrentos, mas falar sobre a nossa morte ou de alguém próximo, nem pensar! É, sem dúvida, um assunto triste e desconfortável, de difícil compreensão (as pessoas em geral não querem entender), mas extremamente importante para que consigamos passar por ela de uma forma mais natural e menos desesperadora.

O que acontece quando estamos próximos da morte? E o que acontece quando estamos próximos da morte, mas sabemos que vamos continuar vivendo em outro plano, porque somos imortais?

Ambas as situações conferem impacto, agregam fatores e comportamentos muito curiosos e importantes no processo do despertar. Quando alguém está prestes a morrer ou descobre uma grave doença e passa a ver a morte mais de perto, ela tem a possibilidade de transformar aqueles últimos dias, meses ou anos e vivê-los na sua plenitude. Refletir, indagar, aproveitar, abraçar, amar, soltar, perdoar, entregar-se, provar, manifestar. A pessoa *condenada* passa a ver a vida com outros olhos e se agarra neste último sopro para fazer aquilo que deveria ter feito a vida toda.

A melhor condição de avaliar a vida é diante da morte. As pessoas que sabem que estão próximas da morte se dão uma grande chance de serem felizes. Algumas delas conseguem inclusive prolongar o seu período de vida por cultivar tal sentimento. Elas percebem que não têm vida para desperdiçar, que não têm tempo a perder para fazer ou continuar fazendo valer a pena, que nunca é tarde para ser feliz.

Mesmo que a pessoa reconheça a sua cidadania espiritual e acredite ser imortal, que a vida não acaba simplesmente aqui e agora e tem uma continuidade, que esta faz parte de uma soma de vidas, ela carrega a responsabilidade de não desperdiçar esta oportunidade única e aproveitá-la da melhor forma com o intuito de diminuir a sua *dívida* com ela mesma e com o todo.

Portanto, para o que acredita ser o fim ou para o que acredita ser apenas uma passagem, a morte acende, nem que por pouco tempo, a chama da vida. O instinto da existência se manifesta e quer viver até o último suspiro. Nesse momento, muitas coisas deixam de fazer sentido e muitas coisas passam a fazer sentido. A visão se expande.

A consciência da morte pode ser comparada ao outono da nossa alma, quando nós adquirimos a capacidade de fazer uma síntese da nossa vida e de selecionar aquilo e aqueles que queremos levar conosco para a eternidade. Quando nós abandonamos os elementos que não nos agregam em nada e ficamos apenas com os aprendizados de cada um deles. Quando nós recolhemos as sementes das experiências vividas e carregamos conosco somente aquelas que serão plantadas na nossa alma e servirão de impulso para o nosso melhor desenvolvimento espiritual.

Que a natureza humana é mortal e que a morte próxima gera toda uma mudança emocional e comportamental não são novidades, mais o intuito desta reflexão é percebermos que não precisamos de uma sentença para começarmos finalmente a dar o devido valor à vida. Quando nos relacionamos de forma natural com a morte, potencializamos a nossa capacidade de dar sentido à vida. A aceitação da finitude terrena faz com que tenhamos mais consciência, mais clareza, mais qualidade e lucidez em cada dia.

Mas, afinal, o que a morte pode ensinar para a vida? A morte nos ensina a viver. Quando nós trazemos a morte para o nosso dia a dia, quando nos lembramos dela, conseguimos dar mais valor à vida. Conseguimos ter um melhor aproveitamento dos nossos dias, refletindo sobre as nossas ações e atitudes e não perdendo tanto tempo e gastando tanta energia com situações desnecessárias. Reduzimo-nos ao essencial e percebemos que não há nada mais importante do que viver o dia em que estamos vivos.

A percepção de que o tempo vai acabar faz com que nós tomemos melhores decisões sobre o que é realmente importante. Todos temos a capacidade de dar sentido à vida, mas este sentido se potencializa quando as pessoas estão perto da morte ou se relacionam com ela de alguma forma. A morte passa a ser uma alavanca para o despertar desse sentido.

A morte nos ajuda a viver. A lembrança de que um dia nós e as nossas pessoas queridas vamos morrer nos faz querer viver de uma forma mais intensa, mais amorosa, mais feliz. Faz-nos querer aproveitar esse tempo, essa oportunidade que nos foi dada da melhor forma, com melhor humor, com mais paciência, com mais qualidade.

A morte é companheira da vida. Quando lembramos constantemente da morte, passamos a avaliar melhor a vida e a hierarquizar aquilo que nos é realmente importante no nosso processo de desenvolvimento. A tendência do ser humano, ao contrário, sempre foi ignorá-la, mas se há uma coisa que é certa na nossa vida é que vamos todos morrer (todos recebemos um bilhete de ida e um bilhete de volta) e, graças, não sabemos nem quando, nem como, nem onde isso irá acontecer.

É o mistério da vida agindo novamente sobre nós. Não temos como prever, mas temos como nos preparar para o nosso *grand finale* e fazer do hoje o nosso último dia de vida todos os dias. Se conseguíssemos essa proeza diária, viveríamos em paz todos os dias e seríamos muito mais felizes.

A reflexão sobre a morte coloca em ordem todas as nossas prioridades. Quando lembramos que a morte é uma realidade, somos convidados a usar o nosso tempo de uma forma mais eficaz na construção e realização dos nossos propósitos. Somos convidados a estar com a nossa vida sempre em dia, organizada. Somos convidados a planejar melhor os nossos dias e torná-los cada vez mais proveitosos, agradáveis e humanos.

Toda vida terrena carrega consigo o compromisso maior de se tornar cada vez melhor, de servir à existência cada vez mais e sair daqui melhor do que chegou. Essa é a lei do ser humano, ser mais humano consigo, com os outros e com o todo.

Ao contrário do que muitos pensam, o oposto de morte não é vida. O oposto de morte é nascimento. E o que separa o nascimento da morte é a VIDA. Dessa constatação surge a reflexão: como estamos gastando a nossa vida? O quanto de vida estamos colocando no nosso tempo?

A vida é o recurso que está se desenrolando agora, e agora temos a oportunidade de ressignificar e abandonar os velhos padrões para que possamos acelerar a nossa capacidade de felicidade, sem precisarmos estar com os dias contados para dar valor e começar a viver. A vida passa a não ter valor pela quantidade de tempo, mas sim pela quantidade de vida que colocamos no nosso tempo. Em uma vida consciente, não é o tempo que passa por nós; nós é que passamos pelo tempo semeando a eternidade.

Há pessoas que pensam que para ter uma vida que valha a pena é preciso ter, acumular cada vez mais bens materiais para ser finalmente feliz. Mas o caminho do ser não é o ter. A morte é democrática, é niveladora. Diante da morte só vale o que somos, o que construímos dentro de nós no campo do ser; o ter fica totalmente secundário, já não faz diferença. Quantos carros temos na nossa garagem, quanto de dinheiro temos no banco, quantos imóveis adquirimos, nada disso fará diferença ou sentido para quem se encontra no leito de morte.

No plano terreno, o que nos identifica são um nome, um sobrenome e um número (CPF); no plano espiritual, o que nos identifica são as nossas ações e intenções. São elas que farão a diferença no nosso processo de desenvolvimento. Por isso a importância de tomarmos decisões de imortais, de fazermos aquisições eternas. A eternidade é o nosso verdadeiro imóvel, a nossa verdadeira morada.

A morte é um mergulho no universo de nós mesmos, um banho de realidade. O que vamos encontrar na morte é um retrato da vida que se teve, um encontro com o que se elegeu na própria caminhada.

Se queremos sondar o que nos aguarda após a morte, por qual porta passaremos, precisamos analisar o que fazemos, o que buscamos, o que elegemos como tesouros, com o que nutrimos o nosso espírito. Estas respostas criarão a ambiência do que estamos construindo e do que encontraremos para além da morte física. É para este local arquitetado por nós mesmos que seremos deslocados. Somos os arquitetos do nosso céu e do nosso inferno.

Precisamos saber morrer para saber viver. Como refletiu Platão "Chegar a ser sábio não é senão aprender a morrer." Tal o dia, tal será a noite. Tal o inverno, tal será o verão. Tal a vida, tal será a morte. Todos os dias vivemos um ensaio para a morte. Estando na matéria temos a oportunidade de treinar dia a dia, de nos prepararmos para o último dia qualificando a nossa jornada e garantindo assim uma passagem mais serena.

A morte, então, deixa de ser um salto às escuras, uma muralha de dúvidas, um caminho sem volta. A morte passa a ser uma mensageira, uma servidora da vida, uma carta de alforria, a abertura da gaiola, a libertação, a viagem de retorno ao nosso verdadeiro lar.

Como orientou o Apóstolo Paulo à Timóteo, não devemos esperar o inverno da dor ou a invernia da vida para procurar refletir naquilo que nos aguarda. Preparemo-nos antes para a grande jornada, a fim de que a morte deixe de ser uma interrogação e passe a ser uma exclamação.

Diante da morte morrem somente as ilusões. Não temamos a morte, porque "os verdadeiros mortos estão sepultados na carne terrestre". (Emmanuel)

Se a morte é uma passagem, a vida é uma viagem. Uma viagem maravilhosa repleta de lugares incríveis e únicos a serem visitados e revisitados fora e dentro de nós. Cenários paradisíacos se escondem nos mais diversos cantos do mundo e do nosso Eu. Experiências indescritíveis estão disponíveis para quem estiver com os olhos físicos e os do coração abertos. Sua mala está pronta? Todo dia deve ter o frescor do primeiro dia e a legitimidade do último. Quando nós percebemos que a morte existe, entendemos que não temos vida a perder e aceleramos a nossa capacidade de sermos felizes hoje.

"Você poderia deixar a vida agora mesmo. Deixe que isso determine o que você faz, diz e pensa."
*Marco Aurélio*
Imperador da Roma Antiga entre 161 e 180 d.C.

# 13. O TEMPO

"Penso que chega sempre um momento na vida da gente em que o maior dever será lutar ferozmente por introduzir no tempo de cada dia o máximo de eternidade."

*Guimarães Rosa*

O tempo é relativo, pois, apesar de ser igual para todos, cada um tem uma percepção e faz dele um aproveitamento diferente. Ele carrega uma dimensão psicológica e emocional que é variável, fazendo com que ele se estenda ou se encolha de acordo com o estado de consciência que nele se coloca. A passagem do tempo em um hospital e as férias merecidas de alguém carregam percepções de tempo muito diferentes, por exemplo.

No plano material, as estações do ano têm uma data definida para começar e terminar, mas passados os dias que marcam os seus começos e finais ainda conseguimos observar a interferência das estações anteriores e posteriores no que podemos chamar de período de transição.

A vida e a própria natureza são processos que levam tempo. Elas não funcionam com a exatidão do relógio e do calendário humanos. Para o homem, de acordo com o seu calendário, hoje pode ser inverno e amanhã primavera, mas a natureza não se transforma de um dia para o outro. Ela vai se preparando aos poucos, vai se firmando, até estar pronta para a nova estação, para os novos dias, para os novos ares.

Todos os dias somos impelidos a passar pelo tempo, por esta força misteriosa da criação que ainda nos gera tanto fascínio e causa tanto temor. Fascínio por tentarmos entender algo que ainda está fora do nosso alcance, que, apesar de estar dividido em horas, dias, meses, anos para nos trazer mais conforto e segurança, ainda nos foge a compreensão. Temor por não termos absolutamente nenhum controle sobre ele, que vai varrendo, consumindo e deteriorando muitas das coisas que julgamos essenciais.

Não à toa a figura mitológica Cronos, que representa o tempo, é apresentada nas artes como um monstro que devora os próprios filhos. Quantos de nós não nos sentimos devorados pelo tempo? Quantos de nós não nos atemorizamos com a passagem cada vez mais rápida do tempo? Nossa relação com ele tem sido conturbada há muito tempo.

Precisamos meditar sobre o valor do tempo e a nossa relação com ele, a fim de nos reajustarmos e nos tornarmos aliados. Precisamos abandonar o conceito de que o tempo é um carrasco, um adversário, pois é justamente por meio desse recurso de imensurável valor que o espírito constrói paulatinamente a sua glória rumo à eternidade (outro conceito ainda de difícil compreensão para nós, humanos).

O tempo nada mais é do que a própria vida. É um tesouro que nos foi concedido e que nos cabe aproveitar ao máximo de forma profunda e dedicada. Todos os dias recebemos 24 horas na nossa conta e não temos como não usá-las nem como poupá-las para depois. Precisamos usar esse tempo com sabedoria e deixar de nos preocuparmos com a sua quantidade, para investirmos cada vez mais na sua qualidade.

Quando fazemos algo ou estamos com as pessoas que amamos, nem sentimos o tempo passar. Quando levamos a hora para passear, fica o contentamento, o preenchimento do tempo na sua plenitude, a experiência da felicidade e, consequentemente, o sabor do que é eterno. O amor tem o poder de transcender o tempo. "O tempo altera todas as construções exteriores da vida, mas conserva intocável todo e qualquer investimento de amor" (Emmanuel).

A exemplo de Jesus, precisamos desenvolver o amor como recurso fundamental para agregar o senso de eternidade no nosso tempo. Quando nós fazemos algo com amor, estamos verdadeiramente presentes e ganhamos a oportunidade de ouro de viver e aprender com cada situação que se apresenta. Só conseguimos ter um aproveitamento satisfatório do tempo quando estamos entregues, atentos àquilo que nos acontece. Quem não ama prende-se ao que é transitório, só vê os defeitos. Quem ama vê a virtude, a permanência, a eternidade.

A eternidade não pode ser confundida com o tempo, embora ambos coexistam presentemente. O tempo só é tempo porque o medimos; caso contrário, seria a eternidade, que é constante, sem começo, sem fim. O tempo é a medida da criatura. A eternidade é a medida do Criador. "A eternidade, assim, não é o tempo infinitamente prolongado, mas uma existência sem nenhum limite, ao contrário de, por exemplo, a existência humana que é uma distensão, cujas fronteiras são o nascimento e a morte" (Santo Agostinho). A vida terrena é um instante na eternidade.

O tempo do homem é uma medida limitada, centrada em torno das coisas perecíveis que nos causam sofrimento e que nos fazem gastar energia tentando impedir o fluxo natural da vida na Terra que é impermanente. O tempo consome tudo aquilo que nos é precioso, que tanto valorizamos, mas que ainda assim elegemos como riquezas. O tempo vai deteriorando tudo que é de natureza material, consumindo a juventude e degradando os nossos tão estimados bens.

Não é o tempo que passa por nós; nós é que passamos pelo tempo. O espírito desperto, consciente da sua condição de aprendiz, passa pela vida escolhendo, agindo, criando e moldando adequadamente a sua realidade por onde passa, sem ser arrastado ou engolido pela vida, fazendo o justo aproveitamento das horas, planejando a vida tendo como pano de fundo o infinito e não mais o túmulo.

O tempo passa a ser aquele conselheiro divino, aquele amigo que todos os dias vem nos lembrar: isso eu posso levar, isso eu não posso levar. No que você está investindo mais? No que eu posso levar ou no que eu não posso levar? Um amigo que nos diz: invista mais nisso que está fora do meu domínio, que eu não posso deteriorar, mas só melhorar.

O tempo vem nos lembrar que a vida só respeita aquilo que ele ajudou a construir. Tudo que não foi construído com o auxílio do tempo, um dia será por ele levado. E tudo que foi construído com o auxílio dele haverá de permanecer para a eternidade.

"Quem semeia tempos, colhe eternidades." Quem semeia tempos de dedicação, de perseverança, de paciência, de estudo, colhe eternidades de sabedoria e de amor. O tempo passa a ser um grande campo que nos é ofertado para semearmos a eternidade, a felicidade que haveremos de encontrar. Saibamos preencher esse tempo com as sementes de vida eterna para que a colheita seja abundante para cada um de nós.

Essa é a nova e amistosa relação que passamos a ter com o tempo: um aliado na construção da eternidade. O tempo passa a ser um aliado que vem nos dizer todos os dias o que realmente tem valor em nossas vidas e não tem prazo de validade: afeto, sabedoria, fraternidade, justiça, virtude,... Tudo que há de bom, todo o conhecimento já adquirido, toda conquista espiritual em nós o tempo só pode melhorar. Tudo que há de pior, toda imperfeição em nós o tempo vai levar.

Todos os rios correm para o mar, assim como todos os caminhos levam à felicidade. A destinação é a mesma para todos. Deus não prefere este ou aquele filho, não existe favoritismo; o que diferencia a graça de um e de outro é o seu próprio mérito. Para os rebeldes de espírito que colecionam lastimáveis perdas de tempo, as eternidades serão mais longas e mais sinuosas em decorrência das suas escolhas menos felizes.

Há quanto tempo temos andado em círculos pelos desertos da vida? Se existem caminhos mais curtos, por que insistimos em dar tantas voltas? Se o roteiro já nos foi dado, por que não conseguimos endireitar o nosso caminho e aproveitar melhor o tempo que nos foi concedido na Terra? Precisamos aprender a usar mais a bússola e menos o relógio como auxílio para o nosso caminhar.

O melhor aproveitamento do nosso tempo depende não somente da nossa capacidade de colocar nele amor, presença, entrega, mas também da nossa capacidade de saber para onde estamos indo, de dar sentido à vida. Quando caminhamos sabendo onde queremos chegar e a cada dia damos passos mais precisos, mais conscientes do que na véspera, traçamos uma rota mais adequada e mais direta rumo aos nossos objetivos.

Precisamos estabelecer para nós um tempo diferente do tempo do mundo. No mundo que cultua a pressa, o ser consciente é aquele que consegue construir dentro de si a paz, um ambiente de reflexão e de tranquilidade. Quem consegue estabelecer um tempo mais propício dentro de si, não será escravo das circunstancias exteriores.

Para não deixarmos o dinamismo e a velocidade dos tempos modernos nos engolir, é indispensável saibamos construir serenidade e tomá-la como base de todas as nossas decisões do dia a dia. "Quanto mais urgência, mais calma". (Emmanuel)

Seguem algumas dicas para obtermos um melhor aproveitamento do nosso tempo na Terra rumo à eternidade:

- Eleger projetos maduros e eternos que justifiquem a vida: sair deles melhor do que entrou.
- Definir metas e objetivos que estejam ao alcance com o que se tem no momento (recursos internos e externos).
- Estabelecer prioridades: saber dizer sim (aceitação) ao que é relevante para a escalada evolutiva e saber dizer não ao que não traz nenhum benefício a longo prazo (eternidade).
- Entregar o melhor de si em tudo que se propõe (agregar amor, satisfação, estar por inteiro).
- Estar atento (vulnerável) para que os convites e orientações benéficas não passem despercebidos.
- Evitar a procrastinação e perdas de oportunidades.
- Respeitar o próprio tempo de despertar.
- Ter paciência de aguardar o tempo de amadurecimento de cada coisa/situação.
- Jamais desistir daquilo que faz o coração bater mais forte, apesar dos desafios.

O tempo é um sábio mudo, como o chamou Emmanuel. Um sábio absoluto que coloca cada coisa em seu devido lugar no momento certo. Ele não fala; apenas demonstra, aponta o caminho para quem estiver atento aos chamados e desperto para a vida que vai além do que podemos ver e ouvir com os olhos e ouvidos físicos.

Afinal, quanto tempo o tempo tem? O necessário para nos levar da ignorância à sabedoria. Da mediocridade à consciência. Do tédio ao amor. E quanto de felicidade o tempo tem? A quantidade de verões e momentos especiais que conseguimos acumular e colecionar na nossa alma ao longo da vida. Mas não nos preocupemos com o tempo e a sua passagem; o relógio eterno corre sempre a nosso favor e abriga o tempo certo do nosso florescer.

# 14. A PAZ

"O encontro com a paz é o único meio de nos sentirmos realmente felizes."

*Rafaela Ferreira Cidade*

A paz é a soma do resultado de todas as estações. É o cumprimento da realização de todos os ciclos. Ela é a paciência da primavera, a luz do verão, a experiência do outono e o silêncio do inverno. A paz é o que se constrói de primavera em primavera, de verão em verão, de outono em outono e de inverno em inverno. É uma eterna busca que se fortalece a cada conquista, a cada transformação.

O que é a paz senão a melhor amiga da felicidade? A paz e a felicidade andam de mãos dadas. É impossível que se alcance a felicidade sem alcançar a paz. Assim como é impossível ter paz sem que se experimente a felicidade desse sentimento, dessa conquista. Uma sustenta a outra.

Estamos secularmente viciados em nossas concepções de paz. A paz envolve muito mais uma jornada do que uma circunstância. Muito mais um processo do que um anseio. Por mais contraditório que possa parecer, a paz é a dinâmica do ser na criação, é o movimento do espírito que nunca cansa de buscar novos horizontes para vislumbrar a felicidade que tanto almeja alcançar.

Na última ceia, Jesus disse aos seus discípulos: "Deixo-vos a paz, a minha paz vos dou; mas não vo-la dou como o mundo a dá" (João 14:27).

A paz do mundo é aquela construída naquilo que está fora de nós. Ela se dá através da conquista das coisas materiais, das posses, dos títulos, das prerrogativas, da euforia das sensações e das facilidades ou ainda através da inércia, da preguiça e do ócio revestidos de falsa tranquilidade e bem-estar. Nem sempre o bem-estar vai estar associado ao estar bem. Esta é a paz que o mundo nos oferece, uma paz frágil, construída sobre algo que está fora do nosso controle, incapaz de nos harmonizar verdadeiramente. Uma paz ilusória, que as tempestades do mundo abalam e levam embora. Uma paz onde a alma e suas potências encontram-se adormecidas em uma vida tranquila e indiferente.

A paz do mundo é por muitos buscada na fuga do dever, na estagnação espiritual, na busca por segurança material que traz uma aparente sensação de estabilidade, de tranquilidade, mas que não se sustenta quando a vida exige mais. Por estarmos desajustados, vamos buscar a paz justamente nas coisas contrárias: o preguiçoso vai encontrar a paz na acomodação, o vaidoso nos aplausos que recebe da ilusão, o vingador na conclusão dos seus projetos criminosos.

Muitos usufruem dessa paz do mundo, sentem-se triunfantes, vitoriosos. Quantos escapam da justiça dos homens e julgam que tudo está bem? Há um tribunal em todos nós. Podemos escapar do tribunal do mundo, mas jamais do tribunal íntimo da nossa consciência. Muitas consciências do mundo ainda operam no regime de busca dessa paz que traz uma sensação de triunfo, de euforia, mas que tem um preço doloroso a ser pago depois.

E qual é a paz que Cristo nos deixou?

É aquela construída dentro de nós, com as virtudes que vamos conquistando ao longo da vida, com o esforço, com o sacrifício, com os conhecimentos que vamos adquirindo e que ampliam a nossa concepção do mundo e da vida. Essa é a paz de que nós temos controle, que não nos pode ser tomada, que é construída com a ajuda do tempo e das experiências que para nós se apresentam.

A paz do Cristo, que é a felicidade mais legítima que vamos encontrar na Terra, é aquela da consciência tranquila, da sensação de dever cumprido e da fé no futuro. A paz do Cristo não é a da poça parada, com fundo lodoso, mas da fonte que flui e segue jorrando e se renovando, levando vida por onde passa. A paz do Cristo não é uma paz de facilidades exteriores, mas uma paz de lutas para que possamos aprender e evoluir.

A verdadeira paz é a riqueza dos fortes. É aquela que Deus concede a seus filhos depois de imensas lutas para conquistarem a si mesmos. O homem sábio é aquele que cria para si um santuário, um refúgio interno que as tempestades da vida não podem alcançar, nem abalar. É na paz que a maior das tempestades perde a sua força. Por fora a tempestade, por dentro a serenidade do trabalhador fiel. Quanto mais evoluído o ser, mais ele cria causas de paz e de felicidade. Cada conquista do espírito no âmbito da virtude e do conhecimento é uma nova fonte de paz e de felicidade. Ao contrário, cada imperfeição, seja no âmbito dos vícios ou da própria ignorância, é uma fonte nova de angústia. Desenvolver a paz associada a uma jornada, e não às circunstâncias, é agregar dia a dia em nós fontes de felicidade e eliminar fontes de aflição.

A nossa vida de fato se passa dentro de nós. Quem não investe na sua vida interior é escravo das circunstâncias exteriores. "O segredo da felicidade está na vida interna que soubermos criar" (Leon Denis). O nosso maior esforço deve ser o de combater-nos e não o de combater o mundo. Não encontraremos a paz externa enquanto o nosso interior for turbulência.

Não basta ansiar e buscar pela paz; é preciso ter a coragem, a perseverança e a disciplina de transformar os nossos potenciais em potências, em realizações, em progresso ao longo da nossa jornada. Não há como dissociar a paz e a felicidade da própria jornada de evolução do ser.

Desse sentimento nasce a virtude da PACIÊNCIA, a ciência da paz, a arte de saber esperar. Uma das virtudes mais desafiadoras, principalmente na realidade imediatista dos dias de hoje, que tem tudo ao alcance das mãos.

A paciência é uma virtude do ser humano baseada no autocontrole emocional, no reconhecimento do exercício da pacificação interior. Pela paciência nós temos a posse de nós mesmos como resultado do esforço pessoal que caracteriza uma das nossas maiores conquistas.

A paciência é a escola da paz. É um elemento pedagógico, um exercício de compreensão, de entendimento e de reflexão que se dá através de situações desafiadoras que nos convidam a exercitá-la. Ela é uma atitude benéfica para o outro, mas principalmente para nós. Quando conquistamos o autodomínio, o autocontrole e a autoeducação poderemos sentir-nos vitoriosos.

A ciência da paz é também um tipo de caridade. A caridade que consiste na esmola é a mais fácil de todas. Há outra muito mais penosa e, consequentemente, muito mais meritória: a de perdoarmos os que Deus colocou em nosso caminho como instrumento para nos colocarem à prova da paciência.

A paz não nos é ofertada gratuitamente. Talvez o nosso maior desafio na experiência terrena seja conviver com essa grande variedade de espíritos em diferentes níveis evolutivos. Os espíritos encarnados que habitam na Terra trazem, ao nascer, qualidades que provam que já realizaram um certo progresso. Entretanto, os inúmeros vícios e paixões que possuem indicam ainda uma grande imperfeição moral. É por isso que Deus os colocou em um Planeta pouco evoluído, para que resgatem seus erros e tenham méritos para encontrar uma realidade mais feliz.

Nesse contexto, a nossa paciência é colocada em prova a cada instante. Se não estivermos fortalecidos e preparados para enfrentar o trânsito, a ignorância, a indiferença e o egoísmo que nos rodeiam, vamos sofrer. "A candeia do corpo são os olhos; de sorte que, se os teus olhos forem bons, todo o teu corpo terá luz. Se, porém, os teus olhos forem maus, o teu corpo será tenebroso" (Mateus 6:22-23). Este é o olhar que Jesus nos ensinou. Se nós formos capazes de olhar para o lado bom das coisas, ficaremos iluminados, em paz com o que nos acontece e cruza o nosso caminho. Não poderemos ignorar, nem mudar a realidade externa, mas poderemos ajustar o nosso olhar e extrair dela o nosso melhor exercício de paciência. Ao contrário, se olharmos sempre pelo lado negativo das situações, nosso corpo estará em trevas e dificilmente conseguiremos extrair delas o seu melhor valor.

Jesus nos convida para a paz, mas muitas vezes queremos o conflito. E essas duas emoções antagônicas não conseguem ocupar o mesmo lugar dentro de nós. É preciso renunciar a uma para se ter a outra. É preciso abandonar o conflito para ser preenchido pela paz. Que a bênção de ser chamado por Jesus supere a angústia de ser seduzido pelos homens.

Que essas tantas diferenças que nos cercam sejam para nós instrumentos e oportunidades de exercitarmos a nossa vontade de sermos cada vez melhores. Que sejam fontes de aprendizado e renovação das nossas atitudes perante as experiências que se apresentam de diferentes formas. Que sejam bênçãos disfarçadas para o nosso amadurecimento.

No final das contas estamos sempre buscando a paz e a felicidade, mas a única felicidade que seremos capazes de encontrar na Terra é a paz no coração. Essa é a maior felicidade que vamos experienciar neste plano. Mas nenhum de nós será capaz de encontrá-las sem o efetivo comprometimento com o bem. Quando a paz nos alcança, tornamo-nos agentes da paz.

Em verdade, alcançaremos a concretização dos nossos projetos de felicidade, mas antes disso, será necessário liquidar com paciência as dívidas que contraímos perante a Lei.

Quando nós estamos em paz, a nossa alma sorri de felicidade.

## 15. A VIDA

"A vida é o presente mais lindo que já recebemos; não tenha pressa em desembrulhá-lo. Em cada detalhe, em cada dobra, em cada laço, tem o capricho de Deus."

*Rosi Coelho*

Na vida real podemos vivenciar um inverno em pleno verão, e vice-versa; tudo depende do que estamos enfrentando no momento. É possível que lá fora a vida esteja efervescente, mas aqui dentro a vida esteja em recolhimento e reflexão. É possível também que lá fora a vida esteja enfrentando um rigoroso inverno, mas aqui dentro o nosso coração esteja quentinho e repleto de felicidade. Nem todos estão vivendo o mesmo processo. Alguns estão plantando, outros estão colhendo. Alguns estão criando, outros estão executando. Alguns estão aprendendo, outros estão ensinando. Alguns estão nascendo, outros estão morrendo. E assim é a vida, repleta de ciclos que se renovam a cada instante.

O inverno quando bem vivido garante uma primavera mais frutífera e um verão mais feliz. Isso significa que precisamos viver os problemas e obstáculos que se apresentam, acolher as nossas dores, nos permitir sentir, chorar e desabar para que possamos nos reconstruir logo ali. Há vezes que precisamos nos desmanchar para podermos nos reorganizar de uma outra forma, juntar os pedaços e voltar mais fortes.

Não importa o rigor do inverno, não existe força na Terra que impeça a primavera de chegar. Não importa o rigor da noite, não existe força na Terra que impeça o alvorecer. Por isso, precisamos lembrar que, em meio à bagunça da transformação, existe algo apenas esperando a hora certa de chegar até nós.

Por isso a importância de encerrar ciclos. Ficar estagnado, parado em um determinado ponto também é um tipo de morte.

A vida é movimento e precisa estar em constante transformação. A vida é fresca e precisa estar em constante renovação.

O verão, quando bem vivido, garante uma *gordura* de bem-estar que será fundamental quando o inverno chegar. A lembrança de dias alegres e bem vividos aquece a nossa alma e nos impulsiona a querer viver mais momentos assim. A lembrança do verão nos encoraja a buscar, no inverno, o nosso aprimoramento para enfrentar a estação mais quente do ano com toda força e luz que ela merece.

Nós é que determinamos o tamanho e o rigor das nossas estações. Pode estar nublado, mas se tivermos o sol dentro de nós, tudo ficará mais bonito. Pode estar chovendo, mas se tivermos a alegria dentro de nós, vamos apreciar e até dançar na chuva.

Precisamos entender que ainda necessitamos passar por muitos ciclos, por muitas estações (internas e externas) para que possamos nos aproximar cada vez mais do nosso projeto final. Precisamos entender que ainda somos um projeto inacabado, um avião em pleno voo que precisa de reparos. Um avião que tem seus méritos por ter decolado, mas que ainda tem muito a percorrer. Precisamos, então, voar com a gratidão de quem já avançou, mas com a humildade de quem sabe que falta muito para chegar ao destino.

Deus nos deu a vida, o livre-arbítrio e uma escada. É através dessa escada que medimos a nossa distância evolutiva rumo à eternidade. A escada é a mesma para todos nós; a diferença é o degrau em que cada um se encontra. Por isso, há sempre alguém abaixo, mas também há sempre alguém acima de nós. Precisamos estar atentos na nossa subida, porque muitas vezes tropeçamos e voltamos muitos dos degraus já conquistados.

Precisamos entender e suportar que somos seres que oscilam e que, assim como a vida, somos impermanentes; um dia estamos em cima, outro estamos embaixo; um dia estamos rodeados de pessoas, outro dia estamos sozinhos; um dia é verão, outro dia é inverno, e só nos restam nós mesmos, a nossa verdade, a nossa essência, a nossa subida, que é individual e intransferível.

Na escalada da vida tudo é redimensionado. A questão de ganhar ou perder torna-se muito relativa, porque olhamos para alguém que pelo conceito do mundo está ganhando, mas na ótica da espiritualidade está se perdendo, que pelo conceito do mundo encontra-se no ápice, em uma posição de destaque, mas para a sabedoria divina está estacionada a contemplar ilusões. Nesse processo, o que vale é o consolo das aquisições eternas, e não das vitórias terrenas.

Para uma constante ascensão, a humildade deve fazer-se presente em todos os degraus. Humildade não é baixa autoestima, não é esquecer os nossos potenciais e desprezar o caminho já percorrido, e sim se destacar pela própria singularidade, sem precisar ser melhor do que o outro. Humildade é reconhecer que o universo é infinitamente maior do que nós e o nosso ego. Humildade é reconhecer que, por mais brilhante que seja a nossa mente, mentes que se reúnem e se dão as mãos se tornam maiores do que a nossa mente isolada. Humildade é reconhecer que precisamos uns dos outros e que juntos somos mais. Humildade é perceber que estamos ainda próximos da base e muito longe do topo da nossa escada.

Nos dias de hoje fala-se tanto em empoderamento, em destacar-se, em sobressair-se e provar valor, quando o verdadeiro poder está na humildade de ser quem se é sem precisar provar nada, sem ter que concorrer ou passar por cima do outro. Empoderar-se é agregar o nosso potencial, que é único, ao potencial alheio e fazer dessa união um fator de soma. Empoderar-se é usar o próprio potencial para fazer a diferença no mundo e beneficiar o maior número de pessoas. Empoderar-se é despertar para o poder de superar as próprias dificuldades, os próprios traumas e seguir em frente.

Muitas vezes na nossa subida precisamos da ajuda de alguém para seguirmos e muitas outras vezes temos de estender a mão para aqueles que precisam de um impulso para cima. Muitas vezes nos distraímos, nos distanciamos ou perdemos muito tempo tentando entender por que caímos e não conseguimos avançar. Mas com fé e com a certeza de que muitos amigos (encarnados e desencarnados) torcem por nós, acreditam em nós e nos ajudam nesse processo, a subida torna-se mais leve e mais prazerosa.

Para uma escalada mais proveitosa precisamos constantemente desapegar-nos, abandonar o peso dos ressentimentos, das mágoas, das ilusões e dos excessos materiais com a finalidade de tornar a nossa subida mais leve e mais fluida. Precisamos de foco para prosseguir rumo ao alvo da nossa expansão, da nossa evolução e para que os atalhos não se tornem atrativos no nosso processo. Precisamos também aproveitar o tempo precioso que nós temos para subir cada degrau com cuidado, com atenção e contemplar as belezas do caminho, lembrando sempre que a vista lá do topo é a mais bonita.

O ser consciente é aquele que não se culpa por ter caído inúmeras vezes, nem se justifica, apenas se levanta, se reinventa e se move na direção certa. O ser consciente não se define pelo número de quedas, mas pelas muitas vezes que se levanta. O ser consciente é aquele que sabe que, quando está cansado, precisa descansar e não desistir.

Que a passagem dos ciclos e das estações nos ensinem a esquecer, a abandonar os conflitos com os quais nos envolvemos e as decisões erradas que tomamos e nos ofereçam a renovação do ânimo e da esperança. Que através deles possamos inaugurar novas atitudes, relembrar o nosso papel e voltar o nosso olhar e o coração para o nosso alvo principal: Jesus. Olhar para Jesus como modelo e guia é olhar para aquilo que vamos todos nos tornar um dia.

Todos nós temos um encontro marcado com a felicidade. A guerra já está ganha. Pode demorar, pode nos custar boas e necessárias lágrimas, mas com certeza venceremos a batalha e nos tornaremos espíritos prontos e finalmente felizes.

# 16. A BOA NOVA

"Peçam, e será dado. Busquem, e encontrarão. Batam, e a porta será aberta. Pois todo que pede, recebe. O que busca, encontra. E àquele que bate, a porta será aberta."

*Jesus Cristo (Mateus 7:7-8)*

Jesus não é Deus, mas um espírito de uma magnificência, de uma grandiosidade e evolução tão extraordinárias que recebeu a missão de tutelar, de governar o Planeta Terra. Foi Ele tão grandioso que se fez necessário dividir as eras (antes e depois de Cristo) para encaixar a sua magnitude na história e diferenciá-lo de toda e qualquer outra personalidade humana. Antes dEle muitas dúvidas, depois muitas respostas. Antes dEle a desesperança, depois o consolo, a fé renovada.

Jesus veio à Terra como representante, como porta-voz de Deus com a missão de trazer novidades para facilitar a urgente ascensão da condição espiritual na qual se encontrava a humanidade. O que dificultava o progresso da humanidade não era o conhecimento intelectual, nunca foi esse o problema, mas a deficiência do conhecimento moral que sempre a atrasou. Se o conhecimento científico salvasse, todos já estariam salvos. A carência da humanidade sempre foi a de cunho moral, por isso a mensagem de Jesus concentrar-se tanto nesse discurso.

A doutrina de Jesus é o grande patrimônio moral da sociedade. Existiram antes muitas doutrinas, muitas almas maravilhosas que cruzaram a história e que trouxeram grandes contribuições e conhecimentos, como Buda, Krishna, Platão, Sócrates, Abraão, Moisés, mas a profundidade dos seus pensamentos não conseguiu alcançar e abraçar as massas. A simplicidade da doutrina de Jesus é o que a torna inigualável.

Depois de anos de silêncio espiritual desde o último profeta, todos estavam carentes, ávidos pela aparição do tão esperado Messias. Todos aguardavam uma figura triunfante em seu cavalo, um vingador, um rei com sua espada e seu exército poderoso, mas Jesus, ao contrário, veio contrastar no seu proceder, descendo do trono celestial diretamente para as palhas da manjedoura. Jesus foi a grandeza compactada na humildade e simplicidade, a fim de não ofuscar, mas demonstrar o quão pouco de recursos do mundo são necessários para se fazer tanto no âmbito do espírito.

As leis de Deus são tão eternas e tão antigas quanto a própria criação. O que há de novo de fato na boa nova é a aparição de alguém que as vivesse na sua plenitude. Por isso, Jesus desceu à Terra para demonstrá-las em vida, para ser o exemplo, para refundar as nossas bases já tão abaladas, enfrentar a ignorância dos nossos infinitos potenciais e as muralhas da nossa resistência. Nos faltava um referencial.

A conduta de Jesus é a chave que vai conduzir o nosso desenvolvimento espiritual. Jesus veio para ser o nosso modelo e guia, para que possamos adequar a nossa vida ao seu padrão. Ele é o molde perfeito. Jesus não é apenas o modelo da humanidade; ele é o modelo de cada um de nós. Ele é o modelo para que cada um possa modelá-Lo na sua própria individualidade. O modelo que muitas vezes nós não seguimos, nós ignoramos e escolhemos a condição de infelicidade.

Não podemos enxergar Jesus apenas como um simples adorno ou um benfeitor que cura, que consola, que ampara, mas como quem educa, quem ensina a caminhar, como um exemplo a ser seguido em todos os âmbitos da nossa existência. Muitas vezes queremos adaptar os ensinamentos de Jesus à nossa vida, ao invés de adaptarmos a nossa vida aos ensinamentos do Mestre. Nós adaptamos tanto a mensagem, que a sua essência desaparece, se perde em meio às nossas tantas exigências.

A vida de Jesus é um somatório de diretrizes com as respostas e orientações que necessitamos para cada experiência que possamos viver na matéria. Por isso, precisamos de um tanto menos de nós, dos nossos pontos de vista e um tanto mais de Jesus nas nossas vidas. Precisamos colocar pitadas de Jesus em cada situação que se apresenta para vermos com mais clareza. Como disse João Batista: "É preciso que Ele cresça e eu diminua". Precisamos, aos poucos, marcar a presença de Jesus nas nossas ações e o deixar atuar através de nós.

Dentre tantas lições e mensagens inesperadas, Jesus inovou ao trazer a notícia do amor como regra de conduta, do amor ao próximo, do perdão das ofensas. Desmistificou Deus ao trazê-lo como Pai, proporcionando uma proximidade muito grande entre o Criador e suas criaturas e tornando-as todas irmãs, todas pertencentes à mesma família, independentemente de raça, de religião, de classe social ou origem. E surpreendeu ao trazer também a revelação da imortalidade da alma. Muitos pensadores e estudiosos já haviam tateado a vida após a morte, mas nenhum deles havia conseguido provar de fato a imortalidade como fez Jesus na ressurreição.

O amor como resposta a tudo, como solução para todos os problemas da humanidade, Deus como Pai protetor de todos e a morte como um recomeço são perspectivas que transformam a vida das pessoas e agregam coragem. A certeza de que a vida continua após a morte muda completamente a forma como o homem vai encarar a vida na Terra. A vida terrena torna-se uma breve passagem e as suas amarguras são recebidas com maior paciência, pois ele sabe que são de curta duração. O homem, sabendo que está em um lugar temporário, recebe com mais tolerância as preocupações da vida.

Com essas simples e novas verdades todos nós seríamos capazes de fazer uma nova história, de transformar a nossa realidade e seguir por um novo e melhor caminho. No entanto, as nossas tantas limitações e incompreensões espirituais somadas ao nosso livre-arbítrio, nos impediram e nos impedem até hoje de nos apropriarmos e vivermos essas verdades de forma integral.

Neste grave momento pelo qual passa a humanidade, onde o amor tem esfriado, onde a descrença tem ditado as regras e o mal tomado conta, não podemos deixar de nos inspirar em Jesus e pensar de que forma podemos ser úteis e dar o nosso contributo na edificação de uma realidade melhor. Todo mal tem cura; pode demorar, mas cura. Pequenas ações podem amenizar e até exterminar o fluxo do mal. Nós somos aqueles que promovem o bem ou aqueles que inflamam o mal? O quanto nós podemos contribuir para que os mal-entendidos se desfaçam, para que uma vingança seja interrompida, para que uma fofoca encontre o ponto final? Precisamos nos lembrar de Jesus descrucificado, do Jesus amigo, terapeuta, médico das almas. Esse é o nosso modelo e guia. Precisamos lembrar os caracteres morais do Cristo e aplicá-los no nosso dia a dia, incorporá-los ao nosso comportamento, ao nosso estilo de vida. Quais são os hábitos e virtudes que vão guiar o nosso aperfeiçoamento? Quando corrigimos o que fizemos errado e aprimoramos o que fizemos certo, nós progredimos. O nosso progresso, mesmo ainda pequeno, precisa estar direcionado para o padrão do Mestre.

Precisamos nos desafiar. Não para provar a nossa superioridade egoica, mas para galgar a nossa superioridade espiritual, aquela que nos elevará de forma mais rápida e eficaz. Precisamos refletir: se amamos os que nos amam, se fazemos o bem aos que nos fazem o bem, que tipo de recompensa há para nós? Se a nossa generosidade é restrita apenas às pessoas que nos amam, que generosidade é essa?

Que tipo de recompensa há nas nossas ações que se limitam ao óbvio? Nós amamos, mas queremos ser amados; nós doamos, mas queremos ser reconhecidos e recompensados; nós respeitamos, mas queremos ser respeitados nas mesmas medidas. A vida é muito mais que uma troca de favores, que uma negociação ou que uma eterna dívida com o outro. Precisamos ser genuínos nos nossos atos, nas nossas entregas e finalmente entender que a nossa recompensa virá e será proporcional ao nosso merecimento.

De acordo com a lei moral do Cristo, toda vez que causarmos um prejuízo a alguém, devemos repará-lo; toda vez que que causarmos um distúrbio na harmonia do universo, devemos harmonizá-lo de volta. A lei divina é de responsabilidade, não de culpa. Ela apenas impõe as consequências das nossas próprias ações. Jesus é consolo, é amparo, mas é também desafio e chamado constante. Lembremos: o responsável pela sementeira será sempre o responsável pela sua colheita.

Para que a paz se faça, precisamos fazer esforços a partir da nossa própria pacificação, a fim de que possamos irradiá-la. A paz não é a ausência de conflitos; é um estado de consciência que nós forjamos em meio aos conflitos. A paz não é sinônimo de passividade ou de aceitação das injustiças, mas a busca pelo entendimento e pela harmonia das partes.

A figura de Jesus tem vencido séculos e permanece sempre luminosa. Passados mais de dois mil anos da sua missão terrena, a mensagem de Jesus de Nazaré continua sendo muito atual, continua se encaixando com perfeição e maestria no mundo que pouco ou nada aprendeu da sua lição. Quanto mais o tempo passa, mais atual fica a sua mensagem para aqueles que têm olhos de ver e ouvidos de ouvir.

Com o passar do tempo e a maturidade espiritual em ascensão, a criatura cansa de errar, satura do seu modo antigo de ser, da matéria e das suas ilusões, e sua alma passa a ansiar por serenidade, paz, felicidade e mais aquelas palavras que antes não faziam sentido, passam a guiar a sua vida. E então, depois de tanto sofrer com suas provas e expiações, o espírito começa a amadurecer o seu senso moral e passa para uma nova etapa evolutiva de regeneração, na qual não mais tolera a injustiça, o mal, a violência.

Chega a hora em que o nosso coração clama por algo eterno, imperecível. O nosso espírito passa a ter fome de eternidade e sede de imortalidade. Esse é o alimento que Jesus nos trouxe e que tantas vezes ignoramos.

Assim como Jesus dividiu as eras da humanidade, é preciso que Ele também divida as eras do nosso coração, da nossa trajetória espiritual. A boa nova é a imortal mensagem que aponta o nosso destino, é a notícia da felicidade que nos aguarda, de um novo tempo, de uma nova era, de um novo ser que precisa ser modelado, construído a ponto de olharmos para trás e não o reconhecermos.

Como indagou Jesus em uma de suas tantas lições: "Nunca viste a primavera cobrir de flores as ruínas?" As ruínas representam a ilusão e as flores a esperança. Mesmo em meio ao caos, é sempre tempo de recomeçar, de embelezar a vida e permitir que ela floresça, frutifique e se expanda cada vez mais em nós. Em nossa trajetória, a misericórdia nunca desiste ou cansa de nós e dos nossos tantos tropeços, e abre-nos sempre novas oportunidades de nos retificarmos. A vida com Cristo é novidade, é renovação. Quem está em Cristo é uma nova criatura; tudo muda de perspectiva, tudo se transforma. As circunstâncias em si não se modificam, mas a nossa relação com elas. Mudamos a nossa percepção perante a vida. O parente difícil passa a ser um professor, um instrutor gratuito; a doença, uma escola de paciência, de humildade e confiança; o revés financeiro, uma oportunidade de aprender a valorizar o essencial, a partida de um ente querido um estímulo para aproveitarmos melhor o tempo que nos resta para fazer do reencontro um momento mais feliz.

"Revive a presença de Jesus na Terra e insculpe as Suas lições na sua conduta, neste momento em que o mundo tem sede de luz e de paz, crescendo em amor tanto quanto já foi conseguido em tecnologia e ciência, passando a possuir as asas da paz, a fim de alçar-te ao Paraíso, onde Ele a todos nos espera."
Joanna De Ângelis

Estamos ainda a atravessar o rigoroso e avançado inverno da ignorância, mas ele há de ceder lugar à primavera da compreensão, da fé e da esperança. O inverno ainda se faz frio e sombrio, mas os primeiros raios primaveris já apontam o caminho da renovação para aqueles que já estão cansados das limitações dessa longa estação.

Cristo representa a luz que aquece o inverno da nossa alma. Ele nos empresta a sua luz para que possamos acender a nossa própria luz. Em meio aos invernos que frequentemente atravessamos é necessário que acendamos a nossa chama para usufruirmos do calor que tanto necessitamos para seguir em frente.

Jesus é a luz, é o sol. Em Jesus resplandece a vida tal qual ela está destinada a ser para cada um de nós. A vida que ainda desconhecemos e que estamos a descobrir. A vida que nos revelará o verdadeiro e eterno verão das nossas almas.

Tenhamos bom ânimo.

"Ah inverno, em ti eu descanso de tanto verão."

*Rafaela Ferreira Cidade*

# CARTA AO LEITOR

Obrigada por ter chegado até aqui.
Que você finalmente compreenda que:
- nós não somos daqui, nós estamos aqui;
- nós não somos matéria, somos energia;
- nós não somos aparência, somos essência;
- nós não viemos para ficar, viemos para aprender;
- nós não viemos para julgar, viemos para amar;
- nós não viemos para acumular, viemos para dividir.

Espero que esta leitura seja uma semente para o seu despertar, um convite a uma nova forma de observar e encarar a sua vida na Terra.

Que esta seja uma ferramenta para que você faça as pazes com a vida imperfeita na qual está inserido, tome as rédeas e interrompa a história de dor e de trauma que endurecem o seu coração e o tornam descrente de dias melhores.

Que você seja capaz de fazer melhores escolhas não só para si, mas para o todo.

Que você lembre com frequência que o dia mais importante da sua vida é o dia de hoje, o dia em que você está vivo.

Que você entenda que onda grande se atravessa mergulhando.

Que mais importante do que o que fizeram com você, é o que você faz com o que fizeram com você.

Que você saiba que o passo depois da dor é a cura.

Que você finalmente compreenda que a vida gosta de quem gosta dela.

Que a multiplicidade de existências explica muita coisa que agora não temos o alcance de entender e explicar.

Que você faça terapia, busque ajuda e orientação, mas aprenda a caminhar com as próprias pernas e seja o seu melhor amigo e terapeuta. Todas as ferramentas e respostas moram dentro de você, no seu silêncio e na sua coragem de encontrá-las.

Que você tenha fé e a certeza de que está amparado a todo instante e paciência para aguardar com resignação as bênçãos que certamente virão.

Não perca tempo com culpa; apenas pergunte-se: o que posso fazer de agora em diante? Que este livro possa ser visitado e revisitado quantas vezes forem necessárias e que cada uma das pérolas nele discretamente inseridas possam contribuir para que você tenha um melhor aproveitamento dos seus dias nesta linda e abençoada jornada chamada VIDA.

Vamos em frente. De verão em verão, chegaremos na melhor e eterna estação das nossas almas: A FELICIDADE.

# ORAÇÕES/REFLEXÕES/ POEMAS/MÚSICAS

## ORAÇÃO DE JESUS

*Deixa que eu cuide de todas as tuas coisas, e tudo será melhor.* Quando tu te entregares a mim, tudo se resolverá com tranquilidade segundo meus desígnios.

Não te desesperes, não me dirijas uma oração agitada, como se quisesses exigir o cumprimento dos teus desejos. Fecha os olhos da alma e dize-me com calma: Jesus Cristo, eu confio em ti.

Evita as preocupações, as angústias e o pensamento sobre o que pode acontecer depois. Não bagunces os meus planos querendo impor tuas ideias. Deixe-me ser Deus e atuar com liberdade, abandona-te confiadamente em mim.

Repousa em mim e deixa em minhas mãos o teu futuro. Dize-me frequentemente: Jesus Cristo, eu confio em ti.

O que mais danos te causa são tuas razões, tuas próprias ideias e tu quereres resolver as coisas à tua maneira.

Quando me disseres: Jesus Cristo, eu confio em ti, não sejas como o paciente que pede ao médico que o cure, porque lhe sugere o modo de fazer. Deixa te levar em meus braços divinos, não tenhas medo, EU TE AMO.

Se acreditas que as coisas pioram ou se complicam apesar da tua oração, segue confiando. Fecha os olhos da alma e confia. Continua dizendo a toda hora: Jesus Cristo, eu confio em ti.

Necessito de tuas mãos livres para fazer minha obra.

Mesmo que a dor seja forte a ponto de derramares lágrimas dos teus olhos, estarei contigo e com tua família em todos os momentos. Diz: Jesus Cristo, eu confio em ti.

Confia só em mim, abandona-te em mim, joga para mim todas as tuas angústias e dorme tranquilo. Dize-me sempre: Jesus Cristo, eu confio em ti e verás acontecer grandes milagres em tua vida.

Eu te prometo por meu amor, pois sempre confiarei em ti, meu filho. Amém.

# MARIA PASSA NA FRENTE

*Maria passa na frente e vai abrindo estradas e caminhos. Abrindo portas e portões, abrindo casas e corações.*

*A Mãe indo na frente, os filhos estão protegidos e seguem seus passos.*

*Maria passa na frente e resolve tudo aquilo que somos incapazes de resolver.*

*Mãe, cuida de tudo que não está ao nosso alcance. Tu tens poder para isso.*

*Mãe, vai acalmando, serenando e tranquilizando os corações. Termina com o ódio, os rancores, as mágoas e as maldições. Tira teus filhos das perdições!*

*Maria, tu és mãe e a porteira. Vai abrindo o coração das pessoas e as portas pelo caminho.*

*Maria, eu te peço: PASSA NA FRENTE! Vai conduzindo, ajudando e curando os filhos que necessitam de ti.*

*Ninguém foi decepcionado por ti depois de ter te invocado e pedido a tua proteção.*

*Só tu, com o poder de teu filho Jesus, podes resolver as coisas mais difíceis e impossíveis.*

*Amém.*

# ORAÇÃO DE SÃO FRANCISCO DE ASSIS

*Senhor, fazei-me instrumento de vossa paz*
*Onde houver ódio, que eu leve o amor*
*Onde houver ofensa, que eu leve o perdão*
*Onde houver discórdia, que eu leve a união*
*Onde houver dúvida, que eu leve a fé*

*Onde houver erro, que eu leve a verdade*
*Onde houver desespero, que eu leve a esperança*
*Onde houver tristeza, que eu leve a alegria*
*Onde houver trevas, que eu leve a luz*

*Ó, Mestre, fazei que eu procure mais consolar que ser consolado*
*Compreender que ser compreendido*
*Amar que ser amado*
*Pois é dando que se recebe*
*É perdoando que se é perdoado*
*E é morrendo que se vive para a vida eterna*
*Amém.*

# ETERNA VÍTIMA

Na silenciosa paz do cimo do Calvário
Ainda se vê na cruz solitário
Vinte séculos de dor, de pranto e de agonia
Represam-se no olhar do Filho de Maria
Abandonado e só na aridez da colina
Sofre infindo martírio a vítima divina
Açoitado, traído e calmo, silencioso
Da Terra ao Céu espraia o seu olhar piedoso
Dois mil anos de dor, e os seus cruéis algozes
Passaram sem cessar como chacais ferozes
Caravanas de reis nos tronos passageiros
Exaltados na voz das trompas dos guerreiros
Os lendários heróis do dorso dos corcéis
Inscrevendo com fogos as máximas das leis
Cavalheiros gentis, valentes brasonados
Nobres de sangue azul e seus mantos dourados
Viram-no seminu, na cruz, ensanguentado
E puseram-se a rir do louco supliciado
O Cristo continuou, humilde e silencioso
Espraiando na Terra o seu olhar piedoso
Sábios do tempo antigo abrindo os livros santos
Olharam-no também, partindo como tantos
Artistas e histriões, poetas e trovadores
Castelãs juvenis, turbas de gozadores
Inda vieram, depois, aqueles que eu seu nome
Espalharam a treva, o pranto, a guerra e a fome

Desolação e terror, mataram-se os irmãos
Lobos, tigres, chacais, na capa dos cristãos
Contemplaram Jesus no cume da colina
Multiplicando a guerra, as lutas e a chacina
O Mestre prosseguiu, sublime e silencioso
Espraiando na Terra o seu olhar piedoso
E na época atual a caravana estranha
Estaca no sopé da árida montanha

*Mas os soberbos reis e césares antigos*
*Hoje mais nada são do que míseros mendigos*
*Os nobres doutro tempo, agora transformados*
*Nos párias do amargor, nos grandes desgraçados*
*Agora veem, sim, no topo do calvário*
*O sacrifício e a dor do eterno visionário*
*Brandando com furor: – "Socorre-nos Jesus!*
*Que possamos vencer a dor de nossa cruz*
*Sorvendo o amargo fel nas dores da aflição*
*Temos fome de paz e sede de perdão!"*
*E o Mestre da bondade, o anjo da virtude*
*Estende o seu perdão cheio de mansuetude*
*E do cimo da cruz, calmo e silencioso*
*Consola a multidão com seu olhar piedoso.*

Guerra Junqueiro, por Chico Xavier

# PEGADAS NA AREIA

*Um dia eu tive um sonho...*
*Sonhei que estava andando na praia com o Senhor e no céu passavam cenas da minha vida.*
*Para cada cena que passava, percebi que eram deixados dois pares de pegada na areia: um era meu e o outro do Senhor.*
*Quando a última cena da minha vida passou diante de nós, olhei para trás, para as pegadas na areia e notei que, muitas vezes no caminho da minha vida, havia apenas um par de pegadas na areia.*
*Notei também que isso aconteceu nos momentos mais difíceis e angustiantes da minha vida.*
*Isso aborreceu-me deveras e perguntei então ao Senhor:*
*– Senhor, Tu não me disseste que, tendo eu resolvido te seguir, tu andarias sempre comigo, em todo o caminho? Contudo notei que durante as maiores atribulações do meu viver, havia apenas um par de pegadas na areia. Não compreendo por que nas horas em que eu mais necessitava de Ti, Tu me deixaste sozinho.*
*O Senhor me respondeu:*
*– Meu querido filho, jamais te deixaria nas horas da prova e do sofrimento. Quando viste na areia apenas um par de pegadas, eram as minhas. Foi exatamente aí que te carreguei nos braços.*

Margareth Fishback

# A MORTE NÃO É NADA

*A morte não é nada.*
*Eu somente passei para o outro lado do Caminho.*
*Eu sou eu, vocês são vocês.*
*O que eu era para vocês, eu continuarei sendo.*
*Me deem o nome que vocês sempre me deram, falem comigo como vocês sempre fizeram.*
*Vocês continuam vivendo no mundo das criaturas, eu estou vivendo no mundo do Criador.*
*Não utilizem um tom solene ou triste, continuem a rir daquilo que nos fazia rir juntos.*
*Rezem, sorriam, pensem em mim. Rezem por mim.*
*Que meu nome seja pronunciado como sempre foi, sem ênfase de nenhum tipo. Sem nenhum traço de sombra ou tristeza.*
*A vida significa tudo que ela sempre significou. O fio não foi cortado.*
*Por que eu estaria fora de seus pensamentos agora que estou apenas fora de suas vistas?*
*Eu não estou longe, apenas estou do outro lado do Caminho.*
*Você que aí ficou, siga em frente.*
*A vida continua, linda e bela como sempre foi.*

Santo Agostinho

# VENCERÁS

*Não desanimes.*
*Persiste mais um tanto.*
*Não cultives o pessimismo.*
*Centraliza-te no bem a fazer.*
*Esquece as sugestões do medo destrutivo.*
*Segue adiante, mesmo varando a sombra dos próprios erros.*
*Avança ainda que seja por entre lágrimas.*
*Trabalha constantemente.*
*Edifica sempre.*
*Não consintas que o gelo do desencanto te entorpeça o coração.*
*Não te impressiones à dificuldade.*
*Convence-te de que a vitória espiritual é construção para o dia a dia.*
*Não desistas da paciência.*
*Não creias em realização sem esforço.*
*Silencio para a injuria.*
*Olvido para o mal.*
*Perdão às ofensas.*
*Recorda que os agressores estão doentes.*
*Não permitas que os irmãos desequilibrados te destruam o trabalho ou te apaguem a esperança.*
*Não menosprezes o dever que a consciência te impõe.*
*Se te enganaste em algum trecho do caminho, reajusta a própria visão e procura o rumo certo.*
*Não contes vantagens, nem fracassos.*
*Estuda buscando aprender.*
*Não se voltes contra ninguém.*
*Não dramatizes provações ou problemas.*
*Conserva o hábito da oração para que se te faça luz na vida intima.*
*Resguarda-te em Deus e persevera no trabalho que Ele te confiou.*
*Ama sempre, fazendo pelos outros o melhor que possas realizar.*
*Age auxiliando.*
*Serve sem apego.*
*E assim vencerás.*

Emmanuel, por Chico Xavier

## ARVOREDO (música)

*Talvez ainda seja cedo*
*Pra sobra deste arvoredo cobrir minha casa,*
*Minha terra, minha gente de uma só semente*
*Tanto amor brotar*
*A vida é feita de espera*
*Quem é que não quer primavera*
*Por andar invernos, desfolhar outonos*
*Eu plantei no tempo de tantos verões*
*Meu coração tão solitário*
*Sem jeito, sem pedir salário resistiu ao vento de uma tempestade*
*Não se fez metade para inteiro ser*
*Arando a terra do meu sentimento*
*A chuva sabe ter os seus momentos*
*De não deixar a gente se esquecer*
*Que a vida vale, vale, vale, vale sim, vale viver*
*O céu abriga o tempo certo do arvoredo florescer*
*Com minhas mãos cultivarei a mim*
*Flores do campo, girassóis, jasmim*
*Hei de saber e de considerar*
*Farei de mim o meu melhor lugar*

Flávia Wenceslau

# VILAREJO (música)

A letra desta música traduz o que eu acredito ser a vida que encontremos quando alcançarmos a verdadeira felicidade

*Há um vilarejo ali*
*Onde areja um vento bom*
*Na varanda, quem descansa vê o horizonte deitar no chão*
*Pra acalmar o coração*
*Lá o mundo tem razão*
*Terra de heróis, lares de mãe*
*Paraíso se mudou para lá*
*Por cima das casas, cal*
*Frutos em qualquer quintal*
*Peitos fartos, filhos fortes*
*Sonho semeando o mundo real*
*Toda gente cabe lá*
*Palestina, Shangri-lá*
*Vem andar e voa*
*Vem andar e voa*
*Vem andar e voa*
*Lá o tempo espera*
*Lá é primavera*
*Portas e janelas ficam sempre abertas pra sorte entrar*
*Em todas as mesas, pão*
*Flores enfeitando os caminhos, os vestidos, os destinos*
*E essa canção*
*Tem um verdadeiro amor*
*Para quando você for*

Marisa Monte

## **PARA AUTOESTIMA** (mantra)

*Sou perfeito, alegre e forte*
*Tenho amor e muita sorte*
*Sou feliz e inteligente*
*Vivo positivamente*
*Tenho paz, sou um sucesso*
*Tenho tudo o que peço*
*Acredito firmemente no poder na minha mente*
*Porque é Deus no meu subconsciente!*
*(É Deus agindo em mim, através de mim)*

Lauro Trevisan